혼자서 따라하기 쉬운 모든 업무 **13**

한권으로

끝장내자

연차휴가

연차수당

근로기준법

실무설명서

손원준 지음

연차휴가 질문 이제 지긋지긋합니다.
연차휴가 계산 질문 너무 지겹습니다. 5년간 매일매일 왜 이걸 모를까 고민했습니다.
그래서 똑같은 내용을 3단계 접근법을 사용했습니다.

근로기준법 + 연차휴가 계산 공식 + 연차휴가 속산표

이제 제발 똑같은 질문 반복하지 말고 치킨 한 마리 값보다 싼 가격으로 공부 좀 부탁드립니다.

K.G.B
지식만들기

이론과 실무가 만나 새로운 지식을 창조하는 곳

책을 내면서

연차휴가는 근로자의 법적 권리로, 일과 삶의 균형을 유지하기 위해 매우 중요한 제도다. 반면 회사 대표의 입장에서는 너무도 주기 싫은 휴가다.

그래서인지 연차휴가를 하루라도 더 챙기려는 직장인과 하루라도 덜 주려는 대표 모두에게 연차는 많은 관심을 받는 제도다.

하지만 막상 양쪽 다 정확히 알지 못하고 서로 본인이 맞는다고 우기는 상황이 반복되는 현실 속에서 실무자 상당수의 질문이 지겹도록 연차휴가 계산에 관한 질문이다.

또한 매번 가르쳐줘도 약간 사례가 변하면 또다시 물어보고 마치 학창 시절 수학 문제 유형만 살짝 바꿔두면 못 푸는 것과 같다.

이에 본서에서는

첫째, 법률의 테두리 안에서 연차휴가를 정석적인 방법으로 계산하는 방법

둘째, 연차휴가의 기본 개념을 활용해 공식으로 접근하는 방법

셋째, 연차휴가 일수를 빠르게 계산할 수 있는 속산표를 활용하는 방법 등 다양한 방법을 통해 정확한 연차휴가와 연차수당 그리고 퇴직 시 연차 퇴직 정산이 가능하도록 설명해주고 있다.

넷째, 학습을 통해 쌓은 지식을 바탕으로 다양한 사례를 배워서 어떤 경우에도 배운 지식을 적용할 수 있도록 하고 있다.

그리고 마지막으로 FAQ를 통해 가장 궁금하면서도 애매한 사항을 문답 형식으로 풀어주고 있다.

5년 전부터 아침에 일어나자마자 컴퓨터를 켜고 제일 먼저 들어가는 네이버 카페 경리쉼터 가장 먼저 눈에 들어오는 질문 대다수는 연차에 관한 질문이었다.

그렇게 많은 답변을 해도 모르는 실무자가 너무 많았고 반복된 질문도 너무 많았다.

그래서 질문을 줄여보고자 조금씩 연차휴가를 쉽게 계산하는 방법을 찾고 연구하기 시작했고, 시간이 흘러 카페 내에서 연차에 관한 질문이 90% 이상 줄었다.

그때 쓰고 다시 바꾸고 다듬고 한 내용을 여기 이 책에 담아보았다.

이 책이 나올 때쯤이면 책에 담은 가장 쉬운 방법보다 더 쉬운 방법이 생각날 수도 있다. 그럼 그건 경리쉼터 카페를 통해 아낌없이 제공해드릴 예정이니 너무 불안해할 필요는 없다.

책은 이제 나이 든 사람의 전유물이 될지도 모른다. 인터넷이 편하고 쉬울지 모르지만, 처음에 배움의 시작인 뿌리가 필요하다 그래야 튼튼하게 나무가 자라서 가지를 칠 것이다.

그 뿌리의 역할을 하는 것이 책이라면, 가지를 뻗어가게 하는 것이 인터넷이라고 생각한다.

결국은 아직 둘이 공존해야 체계적으로 빠르고 쉽게 특정 학문에 접근할 수 있다.

독자 본인 지식의 확장을 본서와 함께했으면 하는 마음이다. 부족하지만 본서를 통해 이제 연차문제는 모두 해결됐으면 하는 마음으로 마치고자 한다.

손원준 올림

CONTENTS

제2장 연차휴가의 계산방법

제3장 사례별 연차휴가 일수의 계산

CONTENTS

제4장 연차휴가사용촉진과 연차수당 및 퇴직 정산

CONTENTS

CONTENTS

CONTENTS

제5장 **연차 관련 FAQ**

CONTENTS

연차휴가 계산 쉽게 접근하는 방법

1. 연차휴가는 2가지를 구분해서 나누어 생각한다.

1년 미만 근속자와 1년 이상 근속자의 연차휴가 계산을 한꺼번에 생각하면 복잡해지는데, 이를 각각 구분해서 계산한 후 합산한다.

1-1. 1년 미만 근로자에게 발생하는 월 단위 연차휴가

1개월 개근할 때마다 1일의 연차휴가가 주어진다. 이는 입사일 기준과 회계연도 기준이 같다. 즉 입사일 기준이든 회계연도 기준이든 1년간 11일 발생한다.

1-2. 1년 이상 근속한 근로자에게 발생하는 연 단위 연차휴가

1년간 80% 이상 출근하면 15일의 유급휴가가 주어지며, 이후 2년마다 1일씩 연차일수가 증가한다.

2. 모든 근로자의 연차휴가 계산방식과 일수는 차별이 없다. 다만 시간의 차이만 있다.

정규직 근로자, 시간제 근로자, 비정규직, 단시간 아르바이트 또는 계약직 근로자 등 근로자의 명칭만 바뀌면 연차휴가를 다르게 계산하는지 생각하는데, 결국은 다 같다. 다만 시간 수의 차이만 있다.

예를 들어, 주 40시간을 근무하는 정규직은 1년 + 1일에 15일의 연차가 발생하는데, 나머지도 15일의 연차휴가가 발생한다. 다만 같은 15일이라도 주 40시간을 근무하는 근로자는 15일 × 8시간 = 120시간인 반면, 주 20시간 근무하는 시간제 근로자는 15일 × 4시간(20시간 ÷ 5) = 60시간으로 정규직 근로자의 절반의 시간만 부여된다.

3. 연차휴가일수는 15일로 같지만 미사용시 연차수당에 차이가 있다.

근로자가 연차휴가를 다 사용하지 않을 경우, 미사용 연차에 대한 연차수당을 지급해야 한다. 연차수당은 근로자의 통상임금과 연차미사용 일수를 기반으로 계산되는데, 연차휴가를 모두 사용 안 하면 주 40시간 근로자는 120시간 × 시급을 연차수당으로 받는 반면, 주 20시간 근로자는 60시간 × 시급을 연차수당으로 받는다.

연차휴가의 지급 대상

연차휴가를 받는 3가지 조건

발생한 연차휴가를 실제로 받기 위해서는 다음의 3가지 조건을 모두 충족해야 한다. 특히 5인 미만 사업장은 연차휴가가 없으니 유의해야 하며, 5인 이상 사업장의 경우 빨간 날 쉰다고 연차휴가에서 차감하는 것은 불법이다.

01 / 상시근로자 수 5인 이상 사업장이어야 한다.

↗ 연차휴가 적용 대상은 근로자여야 한다.

연차휴가는 상시근로자 수 5인 이상 사업장에 적용이 되며, 5인 미만 사업장은 적용 대상이 되지 않는다. 따라서 상시근로자 수 5인 미만 사업장은 근로기준법상 연차휴가를 받을 수 없다.

다만 5인 미만 사업장이라도 근로계약서에 '연차유급휴가' 라는 문구를 사용하여 '1년 근속할 때마다 15개씩 부여한다' 와 같이 '근로기준법상 연차휴가제도' 가 연상되는 내용을 기재한 경우는 연차휴가를 주어야 한다. 이를 약정 휴가라고 한다.

그리고 2022년부터 관공서의 공휴일 흔히 빨간 날에 민간인도 쉬는 날이 되었으므로 빨간 날 쉰다고 연차휴가로 대체하면 위법이다.

참고로 상시근로자 수 5인 미만 사업장은 처음부터 연차휴가가 없으므로 빨간 날 쉰다고 연차로 대체하는 개념 자체가 성립하지 않는다.

구 분	연차휴가 적용
5인 이상 사업장	적용
5인 미만 사업장 (또는 4인 이하 사업장)	적용 안 됨. 단 근로계약서에 연차휴가를 주는 것으로 계약한 경우는 연차휴가를 줌

[상시근로자 제외 대상]

• 근로계약 기간이 1년 미만인 근로자
• 월 근로시간이 60시간 미만인 단시간근로자
• 최대 주주 및 사업자 대표의 배우자, 직계존비속, 친인척
• 파견근로자, 도급근로자, 용역근로자
• 대표이사 등과 같은 등기임원

근로자를 판단하는 가장 중요한 기준은 대표이사의 지휘 · 감독이라는 조건이다. 지휘 · 감독 아래에서 임금을 목적으로 노무를 제공하면 명칭에 상관없이 근로자이다.

임원도 대표이사의 지휘 · 감독 아래에서 근로를 제공한다면 근로자가 될 수 있다. 따라서 근로자성의 판단은 근로계약서를 썼느냐, 4대 보험에 가입하였느냐와 같은 형식적인 기준만으로 판단하는 것은 아니다. 가장 중요한 것은 사업주로부터 업무지시를 받아 일하고 있느냐 하는 것이다. 이는 업무 내용이 사용자에 의하여 정해지는지, 근

로시간과 근무 장소가 사용자로부터 지정되고 구속받는지, 취업규칙이나 인사 규정(특히 징계) 등의 적용을 받는지, 계속 일을 하는지, 다른 사업장에는 근로 제공을 할 수 없는 전속성이 있는지, 비품이나 원자재의 소유관계나 비용부담을 사업주가 부담하는지, 보수가 기본급이나 고정급으로 정해져 있는지 등 구체적이고 실질적인 사정을 기준으로 근로자인지를 판단한다. 4대 보험 가입이나 근로소득세 원천징수 여부도 하나의 판단 요소가 된다.

근로계약서, 급여대장, 회사 내 규정, 업무분장표 등을 통해 실제로 종속적인 관계에서 근로를 제공하고 있는지를 판단한다.

① 근로관계 : 근로계약서, 인사기록 카드 등

② 급여내역 : 급여대장, 근로소득 원천징수영수증, 급여 계좌이체 내역

③ 근로실태 : 출근부, 휴가원, 출장부 등 복무·인사 규정 적용자료, 출퇴근 교통카드 이력 등 복무상황에 대한 자료, 업무분장표, 업무일지, 업무보고 내역 등 담당업무 관련 자료 등

④ 기타 : 타 사회보험 가입 내역(보험료 납부내역), 조직도, 근로자명부 등

↗ 임원도 연차휴가를 줘야 하나?

형식상 임원일 뿐이며, 실제 근로자와 유사한 지위에 있다면 근로기준법상 연차휴가를 줘야 한다. 반면 근로자에 해당하지 않으면 회사 자체 규정에서 연차휴가를 준다는 규정이 있지 않을 때는 주지 않아도 된다. 결과적으로 규정이 없다면 지급할 이유가 없다.

연차휴가는 근로기준법상 근로자만 청구할 수 있다. 따라서 회사의 업무집행권을 가진 이사 등 임원은 회사와 근로 계약관계에 있지 않으므로 근로자라 볼 수 없으므로 원칙은 연차휴가를 주지 않는다.

판례에서도 등기임원의 경우 형식적, 명목적인 이사에 불과하다는 것과 같은 특별한 사정이 존재하지 않는 한 근로자로 보지 않아 연차휴가를 부여하지 않아도 된다. 는 입장이다.

반면, 비등기 임원의 경우 상법상 기관으로써의 권한이 없다는 점에서 대표이사 등의 지휘, 감독하에 일정한 노무를 담당하고, 그 대가로 일정한 보수를 지급받는 관계에 있다고 보아, 근로자성을 인정하는 입장이다. 즉, 근로자로 보아 연차휴가를 부여해야 한다.

따라서 임원이 업무집행권을 가지는 대표이사 등의 지휘 · 감독하에 일정한 노무를 담당하면서 그 노무에 대한 대가로 일정한 보수를 받아 왔다면 그 임원은 근로기준법상 근로자에 해당할 수 있으며, 연차휴가 미사용수당을 청구할 수 있다.

구 분	임원의 연차휴가 적용
등기임원	회사 자체적으로 규정을 두고 있지 않으면 법적으로는 연차휴가를 부여할 의무가 없다.
비등기임원	판례상으로 근로자로 인정하고 있으므로 연차휴가를 부여한다.

02 / 1월 개근 또는 1년간 80% 이상 개근

1년 미만 근로 시 발생하는 월 단위 연차(월차)는 1월을 개근해야 하고, 1년 이상 근로 시 발생하는 연 단위 연차(연차)는 1년에 80% 이상을 개근해야 한다.

구 분	연차휴가 발생요건
월 단위 연차휴가	1달간 출근일 수의 100%를 개근해야 한다.
연 단위 연차휴가	1년간 출근일 수의 80%를 개근해야 한다.

[주] 법률적으로 정확한 표현은 개근이지만 실무상 개근 대신 만근이라는 용어를 사용하기도 한다.

03 / 다음날 출근이 예정되어 있어야 한다.

1월 개근 또는 1년간 80% 이상 개근 시 발생하는 연차휴가를 실제로 부여받으려면 다음 날 근로가 예정되어 있어야 한다.

즉 1월 개근 및 1년 80% 이상 개근 여부를 판단하는 단위 기준은 1개월 또는 1년이다. 하지만 단위 기준이 되는 기간을 다 채웠다고 무조건 연차휴가를 부여받는 것이 아니라 다음날 근로가 예정되어 있어야 한다. 따라서 1월 + 1일 또는 1년 + 1일을 근무해야 발생한 연차휴가를 실제로 부여받을 수 있다. 딱 1월 또는 딱 1년(365일)만 근무하는 경우 연차휴가를 받을 수 없다.

구 분	판단기준	출근율	실제 부여일	사용 가능일
월 단위 연차휴가	7월 1일 ~ 7월 31일	100%	8월 1일까지 근무 시 부여	8월 1일부터 사용은 가능하나 8월 1일에 연차휴가를 사용하고 퇴사하는 경우는 안 됨
연 단위 연차휴가	1월 2일 ~ 다음 해 1월 1일	80%	다음 해 1월 2일까지 근무 시 부여	1월 2일부터 사용은 가능하나 1월 2일부터 연차휴가를 사용하고 퇴사하는 경우는 안 됨

❶ 상시근로자 수(정규직, 비정규직, 임시직, 아르바이트 모두 포함, 프리랜서 제외)가 5인 이상인 사업장의 1주 소정근로시간 15시간 이상 근로하는 근로자

❷ ❶의 조건에는 해당하지 않지만, 근로계약서에 연차휴가를 주는 조건으로 근로계약을 체결한 경우

[판단]

❶ 또는 ❷조건 중 하나에 해당하면 연차휴가 적용 대상

❶ 또는 ❷조건 중 하나도 해당이 안 되면 연차휴가 자체가 없으므로 다음 설명이 필요 없다. 또한, 연차휴가가 없으면 연차수당도 당연히 발생하지 않는다.

연차휴가의 계산은 입사 1년 미만 시점과 입사 후 1년 이상인 시점으로 구분해서 계산한다(중요).

개근(만기) 일과 소정근로일, 출근율의 계산

01 / 개근(만근)의 의미

정확한 법률 용어는 개근이다.

그러나 실무에서는 개근 대신 만근이라는 용어도 많이 사용하지만, 만근의 정의는 명확하지 않다. 다만, 의미만 통하면 문제는 없다.

개근이란 근로 제공 의무가 있는 날 즉, 근로계약서상 소정근로일에 결근하지 않은 것을 의미한다고 볼 수 있다(근로기준과 : 5560, 2009.12. 23). 따라서 지각이나 조퇴, 외출, 반차, 연차휴가가 있었다고 하더라도 소정근로일에 출근하였다면 결근으로 볼 수 없고(근기 1451-21279, 1984.10.20.), 개근으로 보아야 한다.

02 / 소정근로일의 의미와 80% 출근율 계산

소정근로일이란 회사가 근로하기로 정한 날 또는 노사가 합의하여 근로하기로 정한 날이다.

연간 소정근로일수에 대한 출근율을 산정할 때 연간 365일 중 어떤 일수를 소정근로일수로 정의해야 하는가에 대하여 많은 문의가 있다. 365일 중 주휴일(통상적으로 일요일), 무급휴무일(통상적으로 토요일), 근로자의 날, 비번일, 약정휴일은 근로제공의무가 없으므로 소정근로일수에서 제외된다. 따라서 근로제공의무가 없는 날을 제외하고 80% 이상 개근 여부를 판단하는 것이 일반적이다.

구 분	항목
아예 소정근로일수 자체에서 빼는 경우	• 무급휴무일(통상 무급토요일) • 주휴일(통상 일요일) • 근로자의 날(노동절) • 법정휴일(빨간 날) 및 대체공휴일 • 약정휴일(노사가 약정하여 휴일로 정한 날) • 기타 이에 준하는 날(빨간 날)
소정근로일수에 포함하며 출근한 것으로 보는 경우	• 업무상 부상 또는 질병으로 휴업 • 출산전후휴가, 유·사산 휴가, 배우자 출산휴가, 난임 치료 휴가 • 육아휴직(2018년 5월 29일부터) • 임신기 근로시간 단축, 육아기 근로시간 단축 • 가족 돌봄 휴가, 가족 돌봄 등을 위한 근로시간 단축 • 예비군, 민방위 훈련 기간 • 공민권 행사를 위한 휴무일 • 연차유급휴가, 생리휴가 등 허락된 휴가 기간 • 부당해고기간(대법원) • 불법 직장폐쇄 기간 • 근로시간 면제자(타임오프) 활동 기간(노조 활동)

구 분	항 목
소정근로일수와 출근일 수에서 모두 제외되는 기간(근로 제공 의무가 없는 기간)	• 사용자의 귀책 사유로 인한 휴업 기간 • 경조사 휴가 등 약정 휴가 • 육아휴직(2018년 5월 28일까지) • 가족돌봄휴직 • 예비군 훈련 중 발생한 부상에 대한 치료 기간 • 부당해고기간(고용노동부) • 적법한 쟁위행위 기간 • 노동조합 전임기간 • 정년퇴직 예정자의 공로 연수 기간(위로 휴가 기간), 업무상 필요에 의한 해외연수 기간
소정근로일수에 포함하되 결근한 것으로 보는 경우	• 무단결근 • 개인적인 사정으로 인한 휴직(질병 휴직 제외) • 정당한 정직 기간, 강제 휴직, 직위 해제 기간 • 불법쟁위행위 기간

↗ 1년 미만 근로자 개근의 판단

앞서 설명한 바와 같이 개근이란 근로 제공 의무가 있는 날 즉, 근로 계약서상 소정근로일에 결근하지 않은 것을 의미하므로, 위의 표에서 9월을 기준으로 소정근로일(9월 1일~9월 30일)을 결근하지 않으면 10월 1일에 1일의 연차가 생긴다.

↗ 1년 이상 근로자 80%의 판단

연간 80% 이상 출근율을 따진다면 위의 표에서 가정한 연간 소정근로일수 246(2024년 기준)일 중 197일 이상을 출근해야 한다.

아래 예에서 결근일이 48일이므로 출근일은 198일(246일 — 48일) ÷ 246일 = 80.48%가 되어 연차휴가 15일이 발생한다.

[출근율을 계산하는 방법]

$$출근율 = \frac{출근일수}{소정근로일수}$$

소정근로일수란 당초 근무하기로 정한 날 즉, 근로자가 실제 출근을 해야 했던 날을 말하며, 법정휴일(주휴일 및 근로자의 날) 및 약정휴일(취업규칙 등에서 정한 휴일) 등을 소정근로일수에서 제외된다.

예를 들어 2024년 7월 1일부터 9월 5일까지(일) 개인적 병가로 회사를 쉰 경우

월	총일수	토요휴무일	주휴일	휴일	소정근로일수
7월	31	4	4	0	23
8월	31	5	4	1	21
9월	5	0	1	0	4
계	총결근일 = 23일 + 21일 + 4일 = 48일 1년 총 소정근로일수 246일 가정				246 (결근일 48일)

$$출근율 = \frac{출근일수}{소정근로일수} = \frac{(246일 - 48일)}{246일} = 80.48\%$$

참고로 각 연도의 소정근로일수는 네이버에서 '2024년 소정근로일수'로 검색하면 나온다.

휴직 및 휴가기간 등에 대한 연차유급휴가 산정방법 등

[회시 번호 : 임금근로시간과-1818, 회시 일자 : 2021-08-12]

업무상 부상 또는 질병 기간, 법정 육아휴직기간과 같이 법령이나 그 성질상 출근한 것으로 간주할 수 있는 경우에는 소정근로일수(분모)와 출근일수(분자)에 해당 기간을 각각 포함하여 출근율을 산정한다.

이와 달리 약정 육아휴직 또는 업무 외 부상·질병 휴직 기간은 출근한 것으로는 볼 수 없으나 결근과는 성질이 다르기에, 소정근로일수에서 제외한다.

즉, (1) 출근율을 산정할 때는 '실질 소정근로일수(연간 소정근로일수 - 휴직기간)'를 기준으로 산정하되,

(2) 휴가일수를 산정할 때는 '연간 소정근로일수'를 기준으로 하여 ① 출근율이 80% 이상인 경우에는 연차휴가일수(15일)을 부여하지만, ② 출근율이 80% 미만인 경우는 '실질 소정근로일수'를 '연간 소정근로일수'로 나눈 비율을 곱하여 비례적으로 부여한다.

중도 퇴사 시 연차휴가는 비례해서 발생하지 않는다.

근로자가 퇴사할 경우 근로기준법 제36조에 따라 임금, 퇴직급여, 연차휴가 미사용수당 등 그 밖의 모든 금품을 지급해야 한다.

이때, 퇴직급여, 임금은 연중 중도 퇴사 시 재직한 기간까지 비례해서 산정해 주지만, 연차휴가 일수는 비례해서 발생하지 않는다. 즉 연차휴가는 1년 + 1일 또는 1월 + 1일이 딱 되는 시점에 발생하는 것으로 1년 + 1일~2년까지는 연차휴가일 수가 같고, 2년 + 1일이 딱 되어야 추가 연차휴가 일수가 발생한다. 결과적으로 366일을 근무하든 730일(365일 × 2년)을 근무하든 연차휴가일 수는 같다.

연차휴가는 월 단위 연차휴가는 1월을 연 단위 연차휴가는 1년을 단위 기간으로 하므로 1월 또는 1년을 채우지 못하면 단위 기간을 채우지 못했으므로 연차휴가 자체가 발생하지 않는다.

예를 들면 1년 11개월 근무 후 퇴사 시 계속 근로 1년에 대한 15일이 발생하고, 나머지 11개월에 대한 휴가는 발생하지 않는다.

입사 후 1년 미만의 기간동안 8개월 20일 개근 시 8일(1개월 개근 시 발생하는 월 단위 연차휴가)의 연차휴가가 발생하고 20일에 대한 휴가는 발생하지 않는다.

입사일	월차 출근율 계산 기간	월차 발생일	동일 연차 일수 기간
2025년 1월 2일 입사	1월 2일~2월 1일	2월 2일(1일)	2월 2일~3월 1일(1일)
	2월 2일~3월 1일	3월 2일(2일)	3월 2일~4월 1일(2일)
	3월 2일~4월 1일	4월 2일(3일)	4월 2일~5월 1일(3일)
	4월 2일~5월 1일	5월 2일(4일)	5월 2일~6월 1일(4일)
	5월 2일~6월 1일	6월 2일(5일)	6월 2일~7월 1일(5일)
	6월 2일~7월 1일	7월 2일(6일)	7월 2일~8월 1일(6일)
	7월 2일~8월 1일	8월 2일(7일)	8월 2일~9월 1일(7일)
	8월 2일~9월 1일	9월 2일(8일)	9월 2일~10월 1일(8일)
	9월 2일~10월 1일	10월 2일(9일)	10월 2일~11월 1일(9일)
	10월 2일~11월 1일	11월 2일(10일)	11월 2일~12월 1일(10일)
	11월 2일~12월 1일	12월 2일(11일)	12월 2일~1월 1일(11일)
	2025년 1월 1일~12월 31일	2026년 1월 2일(15일)	2026년 1월 2일~2027년 1월 1일
	2026년 1월 1일~12월 31일	2027년 1월 2일(15일)	2027년 1월 2일~2028년 1월 1일
	2027년 1월 1일~12월 31일	2028년 1월 2일(16일)	2028년 1월 2일~2029년 1월 1일
	2028년 1월 1일~12월 31일	2029년 1월 2일(16일)	2029년 1월 2일~2030년 1월 1일
	2029년 1월 1일~12월 31일	2030년 1월 2일(17일)	2030년 1월 2일~2031년 1월 1일
	2030년 1월 1일~12월 31일	2031년 1월 2일(17일)	2031년 1월 2일~2032년 1월 1일

연차휴가의 계산 방법

1년 미만 월 단위 연차휴가의 계산 방법(입사일, 회계기준 동일)

︾

01 / 연차휴가 일수의 계산

연차휴가를 받기 위해서는 1달을 개근해야 한다. 1달을 개근한 경우 입사 다음 달에 1일의 연차휴가가 발생한다.

[입사 1년 미만 한 달 개근 시 발생 연차]

1월	2월	3월	4월	5월	6월	7월	8월	9월	10월	11월	12월	1월
입사	1일	2일	3일	4일	5일	6일	7일	8일	9일	10일	11일	
	입사	1일	2일	3일	4일	5일	6일	7일	8일	9일	10일	11일

즉 개근 여부는 입사일로부터 1달이 되는 날까지의 출근율로 계산하며, 월 단위 연차 즉 월차는 입사일로부터 1달이 되는 날까지의 출근율을 계산한 결과 개근한 경우 다음날까지 근로계약 관계가 유지된 경우 부여된다. 즉 월차는 1달 + 1일을 근무해야 받을 수 있다. 이는 결국 다음 달에 입사일과 같은 날까지 근무해야 월차를 받을 수 있다는 이야기다.

그리고 월차 개념의 연차휴가 즉 월차는 입사한 해부터 딱 1년간만 총 11일이 발생한다.

예를 들어 1월 2일 입사한 근로자는 1월 2일부터 2월 1일까지 개근하면 2월 2일 1일의 월차가 발생한다. 즉 2월 1일 퇴사하면 월차가 발생하지 않고, 2월 2일 퇴사하면 월차가 있다.

입사일	월차 출근율 계산 기간	월차 발생일	비 고
1월 2일 입사	1월 2일~2월 1일	2월 2일(1일)	입사일과 같은 날까지 근무해야 월차 발생 즉 1월 + 1일까지 근로관계가 유지되어야 발생한 월차가 부여된다.
	2월 2일~3월 1일	3월 2일(2일)	
	3월 2일~4월 1일	4월 2일(3일)	
	4월 2일~5월 1일	5월 2일(4일)	
	5월 2일~6월 1일	6월 2일(5일)	
	6월 2일~7월 1일	7월 2일(6일)	왼쪽 표에서 2월 2일에서 3월 1일까지는 1일, 3월 2일에서 4월 1일까지는 2일...등 일할계산하지 않는다.
	7월 2일~8월 1일	8월 2일(7일)	
	8월 2일~9월 1일	9월 2일(8일)	
	9월 2일~10월 1일	10월 2일(9일)	
	10월 2일~11월 1일	11월 2일(10일)	
	11월 2일~12월 1일	12월 2일(11일)	한도는 총 11일
	1월 1일~12월 31일	1월 2일(15일)	월차 ➡ 연차

만일 5인 미만 사업장에 5년 근무한 직원, 10년 근무한 직원 등이 있다가 직원을 추가로 채용해 7월 2일부터 5인 이상 사업장이 되었다면, 종전 근로자의 근속연수와 상관없이 모든 직원이 5인 이상이 된 시점(7월 2일)에 모두 신규로 입사한 것으로 간주해 월차를 적용

한다. 즉 신입직원, 5년 된 직원, 10년 된 직원 모두 7월 2일에 입사한 것으로 봐 월차휴가를 계산한다.

02 / 연차휴가의 사용

월 단위 연차(월차)는 입사일로부터 1년 안에 사용해야 한다.

예를 들어 2025년 8월 2일 입사자의 경우 2026년 8월 1일까지 발생한 월 단위 연차(월차)를 모두 사용해야 한다.

그리고 2025년 8월 2일~2026년 8월 1일까지 출근율이 80% 이상으로 2026년 8월 2일까지 근로관계가 유지되면 15일의 연차휴가가 발생한다.

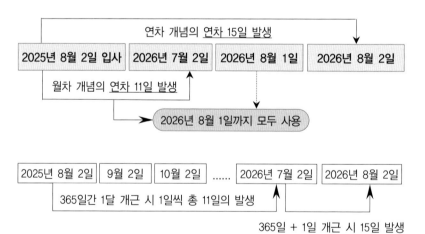

입사일로부터 365일까지는 11일의 월차가 발생하고
입사일로부터 365일 + 1일이 되면 15일의 연차가 발생한다.

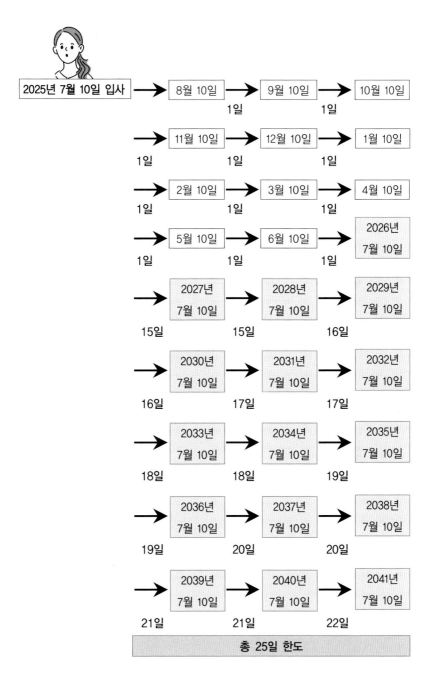

2025년 7월 10일 입사 → 8월 10일 → 9월 10일 → 10월 10일

1일   1일

→ 11월 10일 → 12월 10일 → 1월 10일

1일   1일   1일

→ 2월 10일 → 3월 10일 → 4월 10일

1일   1일   1일

→ 5월 10일 → 6월 10일 → 2026년 7월 10일

1일   1일   1일

→ 2027년 7월 10일 → 2028년 7월 10일 → 2029년 7월 10일

15일   15일   16일

→ 2030년 7월 10일 → 2031년 7월 10일 → 2032년 7월 10일

16일   17일   17일

→ 2033년 7월 10일 → 2034년 7월 10일 → 2035년 7월 10일

18일   18일   19일

→ 2036년 7월 10일 → 2037년 7월 10일 → 2038년 7월 10일

19일   20일   20일

→ 2039년 7월 10일 → 2040년 7월 10일 → 2041년 7월 10일

21일   21일   22일

총 25일 한도

03 / 연차수당의 지급

발생한 월 단위 연차휴가를 합법적으로 연차휴가 사용 촉진을 했음에도 입사일로부터 1년 안에 사용하지 않으면 연차휴가는 자동 소멸한다.

반면 합법적으로 연차휴가 사용 촉진을 하지 않은 때는 연차휴가 소멸일이 속하는 달의 통상임금을 기준으로 연차수당을 지급해야 한다.

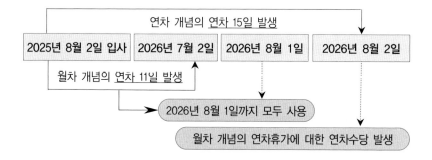

연차휴가 연차수당 근로기준법 실무설명서

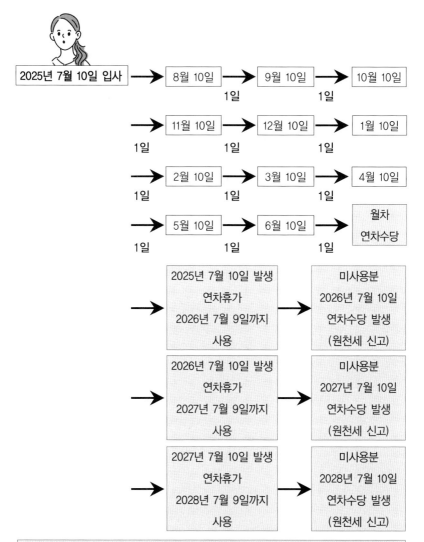

| 2025년 7월 10일 입사 | → | 8월 10일 | → | 9월 10일 | → | 10월 10일 |
| | | | 1일 | | 1일 | |

| → | 11월 10일 | → | 12월 10일 | → | 1월 10일 |
| 1일 | | 1일 | | 1일 | |

| → | 2월 10일 | → | 3월 10일 | → | 4월 10일 |
| 1일 | | 1일 | | 1일 | |

| → | 5월 10일 | → | 6월 10일 | → | 월차 연차수당 |
| 1일 | | 1일 | | 1일 | |

| → | 2025년 7월 10일 발생 연차휴가 2026년 7월 9일까지 사용 | → | 미사용분 2026년 7월 10일 연차수당 발생 (원천세 신고) |

| → | 2026년 7월 10일 발생 연차휴가 2027년 7월 9일까지 사용 | → | 미사용분 2027년 7월 10일 연차수당 발생 (원천세 신고) |

| → | 2027년 7월 10일 발생 연차휴가 2028년 7월 9일까지 사용 | → | 미사용분 2028년 7월 10일 연차수당 발생 (원천세 신고) |

연차수당은 지급 시점의 통상임금을 기준으로 하지 않고, 발생한 연도의 통상임금을 기준으로 지급한다. 예를 들어 2025년, 2026년, 2027년분 연차수당을 한 번에 지급하는 경우 2027년분 통상임금을 기준으로 하는 것이 아니라 2025년, 2026년, 2027년도 각 연도의 통상임금을 기준으로 계산해서 지급한다.

1년 이상 연 단위 연차휴가의 2가지 계산 방법

1년 이상 근로자의 연차휴가는 월 단위 연차(월차)와 별도로 입사 후 1년 + 1일 되는 시점 이후에 발생하는 연차휴가를 말한다.

연 단위 연차휴가(연차)는 근로기준법에서는 입사일을 기준으로 하는 계산 방법만 규정하고 있지만, 실무상 편의를 위해 연차휴가 부여 방식이 근로자에게 불리하지 않다면 회계연도 기준으로 연차휴가를 계산해도 인정해주고 있다.

> 연차휴가 일수 =
> 많은 일수 Max(회계연도 기준 연차휴가 일수, 입사일 기준 연차휴가 일수)
> 다만 회사 규정에서 반드시 입사일 기준으로 정산하도록 하고 있다면 많은 일수가 아닌 입사일 기준일수가 적어도 무조건 입사일 기준일수로 정산해야 한다.

01 / 입사일 기준 연차휴가 계산(근로기준법 원칙)

법에서 인정하는 원칙은 입사일 기준이다. 업무의 편의를 위해 회계연도 단위로 연차휴가를 구하더라도 입사일 기준보다 연차휴가 일수가 적지 않으면 예외적으로 인정해주고 있다.

입사일 기준은 입사일을 기준으로 1년 단위로 연차휴가 일수를 계산하는 방식을 말한다.

예를 들어 2024년 8월 2일 입사의 경우 2025년 8월 2일, 2026년 8월 2일, 2027년 8월 2일…… 등으로 연차가 발생하는 경우를 말한다.

연차 출근율 계산 기간	연차발생일	연차일수	비 고
2024년 8월 2일~ 2025년 8월 1일	2025년 8월 2일	15일	다음 연도에 입사일과 같은 날까지 근무해야 연차 발생 즉 1년＋1일까지 근로관계가 유지되어야 발생한 연차가 부여된다. 왼쪽 표에서 연차일수는 일할계산 하지 않는다. 한도는 총 25일
2025년 8월 2일~ 2026년 8월 1일	2026년 8월 2일	15일	
2026년 8월 2일~ 2027년 8월 1일	2027년 8월 2일	16일	
2027년 8월 2일~ 2028년 8월 1일	2028년 8월 2일	16일	
2028년 8월 2일~ 2029년 8월 1일	2029년 8월 2일	17일	
2029년 8월 2일~ 2030년 8월 1일	2030년 8월 2일	17일	
2030년 8월 2일~ 2031년 8월 1일	2031년 8월 2일	18일	
2031년 8월 2일~ 2032년 8월 1일	2032년 8월 2일	18일	
2032년 8월 2일~ 2033년 8월 1일	2033년 8월 2일	19일	
2033년 8월 2일~ 2034년 8월 1일	2034년 8월 2일	19일	
2034년 8월 2일~ 2035년 8월 1일	2035년 8월 2일	20일	

[입사일 기준 연차휴가 자동 계산 방법 : 최대 25일 한도]
연차휴가일 수 = 15일 + (근속연수 − 1년) ÷ 2로 계산 후 나머지는 버리면 된다.
예를 들어 입사일로부터 10년이 경과 한 경우

연차휴가일 수 = 15일 + (10년 − 1년) ÷ 2 = 15일 + 4.5일 = 19일								
1년	2년	3년	4년	5년	10년	15년	20년	21년
15일	15일	16일	16일	17일	19일	22일	24일	25일

02 / 회계연도 기준 연차휴가 계산(실무상 예외)

연차유급휴가는 근로자별로 입사일을 기준으로 산정하는 것이 원칙
이지만 근로자 수가 많은 사업장은 입사일이 각각 달라서 관리가 힘
들 수 있다. 따라서 판례와 고용노동부 행정해석은 노무관리 편의상
노사가 합의한 경우 취업규칙이나 단체협약으로 정하여 회계연도를
기준으로 모든 근로자에게 일괄 연차휴가를 부여할 수 있도록 하고
있다.

회계연도 기준은 예외적으로 허용되는 기준으로 입사일 기준보다 근
로자에게 불리하지 않아야 한다. 따라서 퇴직 시점에서 총휴가일 수
가 근로자의 입사일을 기준으로 계산한 휴가일 수에 미달하는 때는
그 미달하는 일수에 대하여 연차유급휴가 미사용 수당으로 정산해서
지급해야 한다(근로기준과 5802, 2009.12.31.). 결국은 앞서 설명한 표를
기준으로 연 단위 연차휴가를 정산한다는 의미다.

연차휴가 일수 =
많은 일수 Max(회계연도 기준 연차휴가 일수, 입사일 기준 연차휴가 일수)
다만 회사 규정에서 반드시 입사일 기준으로 정산하도록 하고 있다면 많은 일수가
아닌 입사일 기준일 수가 적어도 무조건 입사일 기준일 수로 정산해야 한다.

[회계연도 기준 연 단위 연차휴가 자동 계산 방법 : 최대 25일 한도]

1. 입사 연도의 연차휴가 일수 = 입사일부터 1년간 1월 개근 시 1일씩 발생하는 휴가일 수 + 다음 회계연도에 발생하는 연차휴가 일수(15일 × 근속기간 총일수 ÷ 365 : 비례 연차)
2. 입사 다음 연도의 연차휴가 일수 = (11 - 입사 연도에 발생한 월차 개념의 연차 휴가 일수) + 15일
3. 입사 다음다음 연도 1월 1일 기준 연차휴가 일수 = 15일

위 표에서 비례 연차를 입사한 연도가 아닌 다음 연도에 부여한다는 실무자도 가끔 있는데 비례연차를 다음연도에 주는 경우(비례 연차를 입사 다음 연도에 계산하는 방식)는 실제 입사일 기준보다 연차휴가를 늦게 주는 결과로 근로자에게 불리하다. 따라서 근로자에게 유리해야만 인정해주는 회계연도 기준 연차휴가의 취지에 어긋난다.

03/ 소수점 이하로 계산된 연차휴가

행정해석에서는 소수점 이하에 대해서는 가급적 1일의 휴가를 부여하는 것이 좋겠다는 입장이지만, 강제 사항은 아니다(근기 01254-11575, 1989.8.7).

연차휴가일 수가 소수점 이하로 발생할 경우, 잔여 소수점 이하에 대하여는 수당으로 계산 지급하는 것도 가능하나 가급적 근로자에게 불이익이 없도록 노사 합의로 1일의 휴가를 부여해야 할 것이다(근기 01254-11575, 1989.8.7.).

따라서 실무상으로는 근로자에게 불이익이 없고 원활한 노사관계를 위해 소수점 이하의 휴가는 금전으로 보상하거나, 휴가를 사용할 경우는 올림 하여 1일의 휴가를 사용하도록 하고 있다. 다만, 회사 규정 및 관행상 반차 제도를 운용하고 있다면, 0.5 이하의 경우 올림 처리하여 반차를 부여하는 것도 가능할 것으로 보인다.

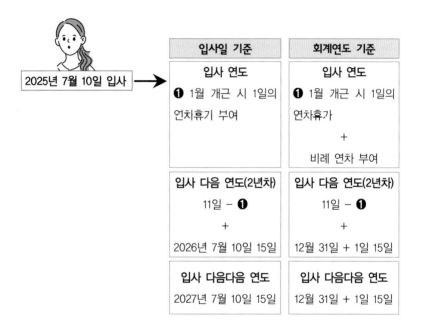

2025년 7월 10일 입사

입사일 기준	회계연도 기준
입사 연도 ❶ 1월 개근 시 1일의 연차휴가 부여	**입사 연도** ❶ 1월 개근 시 1일의 연차휴가 + 비례 연차 부여
입사 다음 연도(2년차) 11일 − ❶ + 2026년 7월 10일 15일	**입사 다음 연도(2년차)** 11일 − ❶ + 12월 31일 + 1일 15일
입사 다음다음 연도 2027년 7월 10일 15일	**입사 다음다음 연도** 12월 31일 + 1일 15일

입사일에 따른 연차휴가 계산 속산표

연차 일수	2024.06.07	2024.09.10	2024.12.05
11일	2024.07.07. : 1일 2024.08.07. : 1일 2024.09.07. : 1일 ⋮ 2025.05.07. : 1일 까지 총 11일 발생	2024.10.10. : 1일 2024.11.10. : 1일 2024.12.10. : 1일 ⋮ 2025.08.10. : 1일 까지 총 11일 발생	2025.01.05. : 1일 2025.02.05. : 1일 2025.03.05. : 1일 ⋮ 2025.11.05. : 1일 까지 총 11일 발생
15일	2025.06.07	2025.09.10	2025.12.05
15일	2026.06.07	2026.09.10	2026.12.05
16일	2027.06.07	2027.09.10	2027.12.05
16일	2028.06.07	2028.09.10	2028.12.05
17일	2029.06.07	2029.09.10	2029.12.05
17일	2030.06.07	2030.09.10	2030.12.05
18일	2031.06.07	2031.09.10	2031.12.05
18일	2032.06.07	2032.09.10	2032.12.05
19일	2033.06.07	2033.09.10	2033.12.05
19일	2034.06.07	2034.09.10	2034.12.05
20일	2035.06.07	2035.09.10	2035.12.05
20일	2036.06.07	2036.09.10	2036.12.05

연차 일수	2024.06.07	2024.09.10	2024.12.05
21일	2037.06.07	2037.09.10	2037.12.05
21일	2038.06.07	2038.09.10	2038.12.05
22일	2039.06.07	2039.09.10	2039.12.05
22일	2040.06.07	2040.09.10	2040.12.05
23일	2041.06.07	2041.09.10	2041.12.05
23일	2042.06.07	2042.09.10	2042.12.05
24일	2043.06.07	2043.09.10	2043.12.05
24일	2044.06.07	2044.09.10	2044.12.05
25일	2045.06.07	2045.09.10	2045.12.05
25일	2045.06.07	2045.09.10	2045.12.05
25일	2046.06.07	2046.09.10	2046.12.05
총한도	25일		

❶ 2024년 6월 7일에 입사해 12월 6일에 퇴사하는 경우 : 2024년 7월 7일~11월 7일까지 5일이 발생

❷ 2024년 6월 7일에 입사해 12월 7일에 퇴사하는 경우 : 2024년 7월 7일~12월 7일까지 6일이 발생

❸ 2024년 6월 7일에 입사해 2025년 6월 6일에 퇴사하는 경우 : 6일(2024년) + 5일(2025년) = 11일이 발생

❹ 2024년 6월 7일에 입사해 2025년 6월 7일에 퇴사하는 경우 : 6일(2024년) + 5일(2025년) + 15일 = 26일이 발생

회계연도 기준 연차휴가 계산 속산표

연차 일수	2024.06.07	2024.09.10	2024.12.05
11일	2024.07.07. : 1일 2024.08.07. : 1일 2024.09.07. : 1일 ⋮ 2025.05.07. : 1일 까지 총 11일 발생	2024.10.10. : 1일 2024.11.10. : 1일 2024.12.10. : 1일 ⋮ 2025.08.10. : 1일 까지 총 11일 발생	2025.01.05. : 1일 2025.02.05. : 1일 2025.03.05. : 1일 ⋮ 2025.11.05. : 1일 까지 총 11일 발생
비례 연차	2025.01.01. 15일 × (입사일~12월 31일까지의 일수 : 208일)/365일 = 8.5일	2025.01.01. 15일 × (입사일~12월 31일까지의 일수 : 113일)/365일 = 4.6일	2025.01.01. 15일 × (입사일~12월 31일까지의 일수 : 27일)/365일 = 1.1일
15일	2026.01.01	2026.01.01	2026.01.01
15일	2027.01.01	2027.01.01	2027.01.01
16일	2028.01.01	2028.01.01	2028.01.01
16일	2029.01.01	2029.01.01	2029.01.01
17일	2030.01.01	2030.01.01	2030.01.01
17일	2031.01.01	2031.01.01	2031.01.01

연차 일수	2024.06.07	2024.09.10	2024.12.05
18일	2032.01.01	2032.01.01	2032.01.01
18일	2033.01.01	2033.01.01	2033.01.01
19일	2034.01.01	2034.01.01	2034.01.01
19일	2035.01.01	2035.01.01	2035.01.01
20일	2036.01.01	2036.01.01	2036.01.01
20일	2037.01.01	2037.01.01	2037.01.01
21일	2038.01.01	2038.01.01	2038.01.01
21일	2039.01.01	2039.01.01	2039.01.01
22일	2040.01.01	2040.01.01	2040.01.01
22일	2041.01.01	2041.01.01	2041.01.01
23일	2042.01.01	2042.01.01	2042.01.01
23일	2043.01.01	2043.01.01	2043.01.01
24일	2044.01.01	2044.01.01	2044.01.01
24일	2045.01.01	2045.01.01	2045.01.01
25일	2046.01.01	2046.01.01	2046.01.01
25일	2047.01.01	2047.01.01	2047.01.01
25일	2048.01.01	2048.01.01	2048.01.01
총한도	25일		

❶ 2024년 6월 7일에 입사해 12월 6일에 퇴사하는 경우 : 2024년 7월 7일~11월 7일 까지 5일이 발생

❷ 2024년 6월 7일에 입사해 12월 7일에 퇴사하는 경우 : 2024년 7월 7일~12월 7일 까지 6일이 발생

❸ 2024년 6월 7일에 입사해 2025년 6월 6일에 퇴사하는 경우 : Max(가, 나) = 19.5일

가. 회계연도 기준 : 6일(2024년) + 5일(2025년) + 8.5일(비례 연차 15일 × 208일/365 = 8.5일, 2024년) = 19.5일

나. 입사일 기준 : 11일 + 0일 = 11일

<u>회사 규정상 연차휴가 정산은 반드시 입사일 기준으로 한다는 규정이 있는 경우 11일</u>

❹ 2024.06.07.에 입사해 2025.06.07.에 퇴사하는 경우 : Max(가, 나) = 26일

가. 회계연도 기준 : 6일(2024년) + 5일(2025년) + 8.5일(비례 연차 15일 × 208일/365 = 8.5일, 2024년) = 19.5일

나. 입사일 기준 : 11일 + 15일 = 26일

연차휴가 발생일과 부여일 계산표

∨

입사일이 2025년 1월 2일인 근로자를 기준으로 설명한다.

첫째, 연차휴가는 상시근로자수 5인 이상인 사업장에 적용된다.

정규직, 일용직, 단시간근로자 등 근무 형태와는 상관없다.

둘째, 연차휴가는 법적으로 입사일 기준이다. 즉 입사일 기준이 원칙이고, 회계연도 기준은 실무 편의를 위한 예외적 방법이다. 따라서 최소 법 원칙인 입사일 기준 연차휴가일수는 줘야 한다.

셋째, 연차휴가는 2가지로 구분된다.

① 입사일로부터 1년 안에만 1개월 개근시 발생하는 월 단위 연차휴가(총 11일)

② 입사일로부터 (1년 + 1일) + (2년 + 1일)... 등 1년에 80% 이상 출근 시 발생하는 연차휴가

01 / 월 단위 연차휴가(월차)

① 1개월 개근 시 발생하는 월 단위 연차휴가는 1개월 + 1일 근무 시 받을 수 있으며(총 11일 한도이다.), 입사 후 1년간만 발생한다.

② 1달간 개근한 후 입사일과 같은 날까지 근무해야 한다.

③ 모든 월 단위 연차(총 11일)는 입사일로부터 1년 안에 모두 사용해야 한다. 1월 2일 입사자의 경우 다음 연도 1월 1일까지 모두 사용해야 한다.

> 1월 2일 입사자 : 1월 2일~2월 1일까지 1달간 개근 여부를 판단한 후 개근했다면 2월 2일까지 근무를 한 경우 연차휴가가 주어진다(1달 + 1일 근무).

해설

개근여부 판단기간	연차휴가 발생일	발생한 연차를 받을 수 있는 조건	사용기한	비 고
01월 2일~02월 1일	02월 2일(1일)	02월 2일까지 근무	모든 월 단위 연차(총 11일)는 입사일로부터 1년 안에 모두 사용해야 한다. 1월 2일 입사자의 경우 다음 연도 1월 1일까지 모두 사용해야 한다.	발생한 연차휴가를 실질적으로 부여받으려면 발생한 날까지 근무해야 한다.
02월 2일~03월 1일	03월 2일(1일)	03월 2일까지 근무		
03월 2일~04월 1일	04월 2일(1일)	04월 2일까지 근무		
04월 2일~05월 1일	05월 2일(1일)	05월 2일까지 근무		
05월 2일~06월 1일	06월 2일(1일)	06월 2일까지 근무		
06월 2일~07월 1일	07월 2일(1일)	07월 2일까지 근무		
07월 2일~08월 1일	08월 2일(1일)	08월 2일까지 근무	1. 연차휴가 사용촉진을 안 한 경우 : 연차수당 발생	발생일까지 근무를 안 하면 해당 연차휴가를 부여받지 못한다.
08월 2일~09월 1일	09월 2일(1일)	09월 2일까지 근무		
09월 2일~10월 1일	10월 2일(1일)	10월 2일까지 근무	2. 연차휴가 사용촉진을 한 경우 : 연차수당 미발생	
10월 2일~11월 1일	11월 2일(1일)	11월 2일까지 근무		
11월 2일~12월 1일	12월 2일(1일)	12월 2일까지 근무		
합 계	총11일	1달 + 1일까지 근무조건		
다음연도 1월 2일	연 단위 연차 15일	1월 2일까지 근무 1년 + 1일까지 근무조건	발생일로부터 1년 안에 사용한다.	

02 / 연 단위 연차휴가(연차)

↗ 1년간 80% 미만 출근 시 연차휴가 부여

80% 미만 출근 시 연차휴가

80% 미만 출근 시 연 단위 연차휴가는 앞서 설명한 1개월 개근 시 발생하는 월 단위 연차휴가와 같은 방식으로 발생한다.

> 1년간 80% 미만 출근하였지만, 1월~6월, 12월은 개근한 경우

해설

7개월 개근이므로 1월 + 1일 근무하면 7일의 연 단위 연차휴가를 부여한다.

80% 미만 출근 후 다음 연도 80% 이상 출근 시 연차휴가

80% 미만 출근하다 다음 연도에 80% 이상 출근하였을 때는 80% 미만 출근한 연도도 연차휴가 계산 연도에 포함해서 계산한다.

> 2023년 1월 2일 입사해 2025년 7월까지 개근 후 병가 등으로 결근이 많아 1년간 출근율이 80% 미만인 경우

해설

2023	2024	2025		2026
1월 2일	1월 2일	1월 2일	7월 병가	1월 2일
입사	80% 이상 개근 연차 15일 발생	1개월 개근 시 1일씩 연차 발생(6일)		80% 이상 개근 연차 16일 발생

구분	연차발생일	연차휴가	산정 식
2023년 1월 2일~2024년 1월 1일	2024년 1월 2일	26일	11일(2024년 1월 1일까지 사용) + 15일(2024년 사용)
2024년 1월 2일~2025년 1월 1일	2025년 1월 2일	15일	2025년 사용
2025년 1월 2일~2026년 1월 1일	1월 개근 시 1일	6일	2026년 사용
2026년 1월 2일~2027년 1월 1일	2027년 1월 2일	16일	2027년 사용

[주] 1년 미만(월차 개념)의 연차휴가는 사용 촉진이 없던 것으로 가정한다. 연차휴가 사용 촉진을 한 경우는 2023년 1월 2일에 0일 + 15일 = 15일이 발생한다.

↗ 1년에 80% 이상 출근 시 발생하는 연차휴가

연차휴가의 계산은 법적으로 입사일 기준이 원칙이다. 다만, 예외로 직원에게 불이익을 주지 않는 범위 내에서 업무 편의를 위해 회계연도 기준을 인정해주고 있다.

1. 입사일 기준 연차휴가 계산

① 1년에 80% 이상 출근 시 발생하는 연 단위 연차휴가는 1년 + 1일 근무 시 받을 수 있으며(총 25일 한도이다.).
② 1년 후 입사일과 같은 날까지 개근한 후 같은 날까지 근무해야 한다.
③ 기본 15일에 2년 단위로 1일씩 증가한다(계산 공식 = 15일 + (근속연수 − 1년) ÷ 2로 계산 후 나머지를 버리면 된다.).

1월 2일 입사자 : 1월 2일~다음 해 1월 1일까지 1년간 개근여부를 판단한 후 개근했다면 1월 2일까지 근무를 한 경우(퇴사일은 1월 3일) 연차휴가가 주어진다.

해설

개근 여부 판단기간	연차휴가 발생일	발생한 연차를 받을 수 있는 조건	사용기한	비 고
24년 1월 2일~25년 1월 1일	25년 1월 2일(15일)	25년 1월 2일 근무	26년 1월 1일	발생한 연차휴가를 실질적으로 부여받으려면 발생한 날까지 근무해야 한다. 발생일까지 근무를 안 하면 해당 연차휴가를 부여받지 못한다.
25년 1월 2일~26년 1월 1일	26년 1월 2일(15일)	26년 1월 2일 근무	27년 1월 1일	
26년 1월 2일~27년 1월 1일	27년 1월 2일(16일)	27년 1월 2일 근무	28년 1월 1일	
27년 1월 2일~28년 1월 1일	28년 1월 2일(16일)	28년 1월 2일 근무	29년 1월 1일	
28년 1월 2일~29년 1월 1일	29년 1월 2일(17일)	29년 1월 2일 근무	30년 1월 1일	
29년 1월 2일~30년 1월 1일	30년 1월 2일(17일)	30년 1월 2일 근무	31년 1월 1일	
30년 1월 2일~31년 1월 1일	31년 1월 2일(18일)	31년 1월 2일 근무	32년 1월 1일	
31년 1월 2일~32년 1월 1일	32년 1월 2일(18일)	32년 1월 2일 근무	33년 1월 1일	
32년 1월 2일~33년 1월 1일	33년 1월 2일(19일)	33년 1월 2일 근무	34년 1월 1일	
33년 10월 2일~34년 1월 1일	34년 1월 2일(19일)	34년 1월 2일 근무	35년 1월 1일	
34년 11월 2일~35년 1월 1일	35년 1월 2일(20일)	35년 1월 2일 근무	36년 1월 1일	
~	~	1년 + 1일까지 근무조건		
총한도	25일			

2. 회계연도 기준 연차휴가 계산

① 회계연도 기준을 적용해도 1년 미만 월 단위 연차휴가는 입사일 기준과 같다.

② 1년 이상 연 단위 연차휴가는 입사 연도에는 근로일수에 비례해 비례 연차휴가를 부여한다. 12월 결산법인이 아닌 경우 법인의 회계연도 시작일에서 종료일까지의 기간으로 비례계산 한다.

> 7월 5일 입사자로서 1년간 80% 이상 개근한 경우 연차휴가를 계산해보면 다음과 같다.

해설

개근 여부 판단기준	월 단위 연차	연 단위 연차	주요 해설
2025년 07월 05일			
2025년 08월 05일	1일		월 단위 연차의 개근 여부는 입사일로부터 1달을 기준으로 판단하고, 실제 연차휴가의 부여는 1달 + 1일 즉 입사일과 같은 날까지 근무를 해야 발생한 연차휴가를 실제로 부여받을 수 있다. 회계연도 기준에서 입사 연도 연 단위 연차는 근무일수에 비례해서 연차를 부여한다.
2025년 09월 05일	1일		
2025년 10월 05일	1일		
2025년 11월 05일	1일		
2025년 12월 05일	1일		
2025년 12월 31일		비례연차 = 15일 × 180일 ÷ 365일 약 7.4일 발생	
2026년 01월 05일	1일		
2026년 02월 05일	1일		
2026년 03월 05일	1일		
2026년 04월 05일	1일		
2026년 05월 05일	1일		
2026년 06월 05일	1일		
2026년 12월 31일		15일	연 단위 연차의 80% 개근 여부는 회계연도를 기준으로 판단하고, 실제 연차휴가의 부여는 회계연도 + 1일 즉 회계연도 종료일 다음 날까지 근무를 해야 발생한 연차휴가를 실제로 부여받을 수 있다. 총한도는 25일이다.
2027년 12월 31일		15일	
2028년 12월 31일		16일	
2029년 12월 31일		16일	
2030년 12월 31일		17일	
2031년 12월 31일		17일	
2032년 12월 31일		18일	
2033년 12월 31일		18일	

연차휴가의 누적 일수 속산표

∨

01 / 입사일 기준 누적 연차

월차 개념의 연차휴가(입사일로부터 1년까지) = 입사일로부터 1달 개근 시마다 1일씩 총 11일 발생

예를 들어 1월 2일 입사자의 경우 12개월 개근 시 연차 = 12개월 – 1일 = 11일(1년이면 12일로 생각하는 실무자가 은근히 많다. 하지만 입사일 다음 달부터 발생하므로 1달이 빠져 11일이 된다.)

연차 개념의 연차휴가일 수 = 1년 차 15일 + (근속연수 – 1년) ÷ 2로 계산 후 나머지를 버리면 된다.
근속연수는 입사일과 같은 날까지 근무해야 1년이 된다.
예를 들어 2023년 7월 1일 입사자는 2024년 7월 1일(단, 2023년 7월 1일~2024년 6월 30일까지 근무는 0년)까지 근무해야 1년이 된다.
그리고 2025년 7월 1일(단, 2024년 7월 1일~2025년 6월 30일까지 근무는 1년)까지 근무해야 2년이 된다.

입사일 로부터	매년 발생하는 연차휴가 일수 계산	누적 연차휴가 일수(연차 퇴직 정산)
1년	15일 + (1년 − 1년) ÷ 2 = 15일	11일 + 15일 = 26일
2년	15일 + (2년 − 1년) ÷ 2 = 15일(나머지 버림)	26일 + 15일 = 41일
3년	15일 + (3년 − 1년) ÷ 2 = 16일	41일 + 16일 = 57일
4년	15일 + (4년 − 1년) ÷ 2 = 16일(나머지 버림)	57일 + 16일 = 73일
5년	15일 + (5년 − 1년) ÷ 2 = 17일	73일 + 17일 = 90일
6년	15일 + (6년 − 1년) ÷ 2 = 17일(나머지 버림)	90일 + 17일 = 107일
7년	15일 + (7년 − 1년) ÷ 2 = 18일	107일 + 18일 = 125일
8년	15일 + (8년 − 1년) ÷ 2 = 18일(나머지 버림)	125일 + 18일 = 143일
매년 발생하는 연차휴가 한도 25일		

02 / 회계연도 기준 누적 연차

☑ 입사연도(2024년)

입사일부터 12월 31일까지의 연차휴가 일수 = 1 + 2
1. 월차 개념의 연차휴가(입사일로부터 1년까지) = 입사일로부터 12월 31일까지 1
달 개근 시마다 발생하는 연차일수
2. 비례 연차휴가 = 15일 × 입사일부터 12월 31일까지의 근무일수 ÷ 365

예를 들어 2024년 7월 1일 입사자의 경우 = 5일 + 7.5일 = 12.5일
1. 5일(8, 9, 10, 11, 12월 1일)
2. 15일 × 입사일부터 12월 31일까지의 근무일수 ÷ 365
= 15일 × 184 ÷ 365 = 7.5일

☑ 입사 다음연도(2025년)

> 입사 다음연도 연차휴가 일수 = ❶ + ❷
> ❶ 월차 개념의 연차휴가(입사일이 속하는 연도의 다음 연도) = 11일 - 입사일로부터 12월 31일까지 1달 개근 시마다 발생하는 연차일수
> ❷ 연차 개념의 연차휴가일 수 = 1년 차 15일 + (근속연수 - 1년) ÷ 2로 계산 후 나머지를 버리면 된다. 즉 회계연도 기준에서는 입사연도의 다음연도를 1년으로 봐 위 공식을 적용한다. 따라서 근속연수는 1년
> 회계연도 기준 근속연수는 1월 1일부터 12월 31일까지 근무하고, 다음연도 1월 1일까지 고용관계가 유지되어야 한다.
> 예를 들어 2024년 1월 1일~12월 31일(단, 2024년 7월 1일~2025년 6월 30일까지 근무는 0년)까지 근무하고 2025년 1월 1일에도 고용관계가 유지되어야 한다.
> 따라서 퇴직일이 1월 1일(마지막 근무일이 전년도 12월 31일)~12월 31일인 퇴직자는 1년이 아닌 0년이 된다.

예를 들어 2025년 1월 1일부터 = 6일 + 15일 = 21일

1. 11일 - 5일(8, 9, 10, 11, 12월 1일) = 6일
2. 1년 차 15일 + (근속연수 - 1년) ÷ 2 = 15일 + (1년 - 1년) ÷ 2 = 15일
입사 연도의 다음 연도를 근속연수 1년으로 봐 위 공식을 적용한다.

☑ 입사 다음다음 연도(2026년)

> 연차 개념의 연차휴가일 수 = 1년 차 15일 + (근속연수 - 1년) ÷ 2로 계산 후 나머지를 버리면 된다.
> 회계연도 기준에서는 입사 연도의 다음 연도를 근속연수 1년으로 봐 위 공식을 적용한다. 따라서 근속연수는 2년

입사일로부터	매년 발생하는 연차휴가 일수 계산	누적 연차휴가 일수(연차 퇴직 정산)	
1년	입사일로부터 12월 31일까지 1달 개근 시마다 발생하는 연차일수 + 비례연차휴가(15일 × 입사일부터 12월 31일까지의 연차휴가 ÷ 365)	11일(총 월단위 연차)	비례연차
2년	11일 − 입사일로부터 12월 31일까지 1달 개근 시마다 발생하는 연차 일수 + 15일 + (1년 − 1년) ÷ 2 = 15일(나머지 버림)		15일
3년	15일 + (2년 − 1년) ÷ 2 = 15일(나머지 버림)	비례연차 + 11일 + 15일 + 15일 = 비례연차 + 41일	
4년	15일 + (3년 − 1년) ÷ 2 = 16일	비례연차 + 41일 + 16일 = 비례연차 + 57일	
5년	15일 + (4년 − 1년) ÷ 2 = 16일(나머지 버림)	비례연차 + 57일 + 16일 = 비례연차 + 73일	
6년	15일 + (5년 − 1년) ÷ 2 = 17일	비례연차 + 73일 + 17일 = 비례연차 + 90일	
7년	15일 + (6년 − 1년) ÷ 2 = 17일(나머지 버림)	비례연차 + 90일 + 17일 = 비례연차 + 107일	
8년	15일 + (7년 − 1년) ÷ 2 = 18일	비례연차 + 107일 + 18일 = 비례연차 + 125일	
매년 발생하는 연차휴가 한도 25일			

[주] 회계연도 기준에서는 입사 연도의 다음 연도를 근속연수 1년으로 봐 위 공식을 적용한다.

1년간 80% 미만 출근자의 연차휴가 일수 계산 방법

1년간 80% 미만 출근자란 근로자가 근로하기로 정한 소정근로일수에 대해서 근로자가 실제 출근한 날이 80% 미만인 경우를 말한다.

1년간 80% 미만 출근자의 경우 월 단위 연차휴가와 같이 1개월 개근 시 1일의 유급휴가를 주어야 한다.

연차유급휴가의 사용 촉진을 규정하고 있는 「근로기준법」 제61조는 동법 제60조 제1항·제3항 및 제4항에 따른 1년 이상 연차유급휴가 뿐만 아니라 같은 법 제60조 제2항에 의한 계속근로연수가 1년 미만인 근로자 또는 1년간 80% 미만 출근한 근로자에게 부여되는 연차유급휴가에 대해서도 연차휴가의 사용 촉진이 적용된다.

구 분	연차휴가 계산
1년간 80% 이상 출근한 근로자	1년간 출근율이 80% 이상인 경우 1년 + 1일에 15일의 연차유급휴가가 발생한다.
1년 미만 근무한 근로자 또는 1년간 80% 미만 출근한 근로자	1년 미만 근무한 근로자 또는 1년간 출근율이 80% 미만인 근로자는 1개월 개근 시 1월 + 1일에 1일의 연차유급휴가가 발생한다. 예를 들어 1년간 80% 미만 출근했지만, 1월, 4월, 10월, 11월 개근 시 4일의 연 단위 연차휴가가 발생한다.

01 / 입사 1년 차에 80% 미만 출근 시 연차휴가

[사례] 입사 1년 차에 출근율이 80%가 되지 않는 경우

2025년 1월 2일 입사해 7월까지 개근 후 병가 등으로 결근이 많아 1년간 출근율이 80% 미만인 경우

해설

입사 연도의 연차휴가 일수 = 6개월 개근에 따라 6일

02 / 입사 3년 차에 80% 미만 출근 시 연차휴가

[사례] 입사 3년 차에 출근율이 80%가 되지 않는 경우

2023년 1월 2일 입사해 2025년 7월까지 개근 후 병가 등으로 결근이 많아 1년간 출근율이 80% 미만인 경우

해설

입사 3년 차에 80% 미만 출근에 따라 개근한 월수에 따른 연차 6일

2023년	2024년	2025년		2026년
1월 2일	1월 2일	1월 2일	7월 병가	1월 2일
입사	80% 이상 개근 연차 15일 발생	1개월 개근 시 1일씩 연차 발생(6일)		80% 이상 개근 연차 16일 발생

계산 기간	연차발생일	연차휴가	산정식
2023년 1월 2일~2024년 1월 1일	2024년 1월 2일	26일	11일 + 15일
2024년 1월 2일~2025년 1월 1일	2025년 1월 2일	15일	2025년 사용
2025년 1월 2일~2026년 1월 1일	1월 개근 시 1일	6일	2026년 사용
2026년 1월 2일~2027년 1월 1일	2027년 1월 2일	16일	2027년 사용

[주] 1년 미만(월차 개념)의 연차휴가는 사용 촉진이 없던 것으로 가정한다. 연차휴가 사용 촉진을 한 경우는 2024년 1월 2일에 0일 + 15일이 발생한다.

빨간 날 연차 차감하고 쉰다고? 불법입니다.

▼

연차 미사용분을 정산해 주지 않기 위해 회사에서 사규에 '법정공휴일 휴가는 연차를 차감한다.'는 내용을 넣는 경우가 있다. 이는 현재는 개정된 규정으로 법이 개정된 사실을 모르고 해당 규정을 그대로 두고 적용하는 경우다. 따라서 법 개정으로 빨간 날 쉰다고 해서 연차에서 차감하는 경우는 불법이다. 즉 사장 빼고 직원이 5명 이상이면 법정공휴일(빨간 날)에 쉰다고 연차를 차감하는 것은 불법이다 (5인 미만 사업장은 연차휴가 규정 자체가 적용되지 않는다).

근로기준법이 바뀌어 공휴일이 유급휴일이 됐고, 5인 이상 사업장에 적용된다. 연차를 차감했다면 노동청에 임금체불로 진정 당하면 연차수당을 지급해야 할 수도 있다.

남은 연차도 소멸시켰다고요?

회사의 귀책 사유로 연차휴가를 쓰지 못했다면 수당을 지급해야 한다. 퇴사 뒤 신고해도 되는데, 임금체불은 3년 치까지만 받을 수 있다.

회사가 바쁘다고 '빨간 날' 일을 시키면 휴일 가산임금(50%)을 추가로 줘야 한다. 통상일급이 하루 10만 원인데 빨간 날 근무했다면 시급제 및 일급제 근로자는 25만원(유급휴일 10만원 + 휴일근무 15만원), 월급제 근로자는 15만 원을 휴일근로수당으로 지급한다..

구 분	휴일근로수당
월급제 근로자	올해 시간당 통상임금 1만 원을 받는 직장인이 빨간 날에 출근해 법정근로시간인 8시간을 근로하는 경우 12만 원(1만원 × 8 × 1.5배)을 받아야 한다.
시급·일급제 근로자	통상임금의 250%를 지급받아야 한다. 20만 원(1만원 × 8 × 2.5배)을 받아야 한다.

체크포인트

1. 사업주가 날짜를 정해서 강제로 해당 날짜에 사용하게 할 수 없다. 예를 들어 빨간 날 연차에서 차감하고 쉬라고 하는 것은 불법이다. 즉 5인 이상 사업장은 빨간 날 쉰다고 연차에서 차감하면 안 된다.

2. 형식만 일용근로자일 뿐, 반복적으로 일용직 근로자를 사용해 사용종속관계가 지속되는 경우 상용근로자와 같이 주휴나 월차가 발생하고 공휴일에 관한 규정 역시 적용돼 유급으로 쉬거나 휴일근로수당을 요구할 수 있다.

3. 5인 이상 사업장에서 실질적으로 사용종속관계 하에 사용자에게 근로를 제공하는 근로자라면 3.3% 프리랜서 계약서를 쓴 것과 관계없이 공휴일이나 임시공휴일을 유급으로 보장해주어야 한다. 형식이 아니라 근로관계의 실질에 있어 사용종속관계 유무를 기준으로 근로자성을 판단하고 적용한다. 따라서 퇴사 후라도 노동청에 체불임금 진정을 제기해 근로기준법상 근로자로 인정받으면 지급하지 않은 휴일근무수당을 지급해야 한다.

회계연도 기준 연차휴가 사업장에 중도 입사한 직원의 연차휴가

연차휴가를 회계연도 기준으로 적용하는 회사에 신입사원이 입사한 경우 첫해에는 비례 연차휴가를 부여한 후 다음연도부터 회계연도 기순으로 연차휴가를 계산하면 된다. 즉 다음과 같이 연차휴가를 계산한다.

1. 입사 연도의 연차휴가 일수 = 입사일부터 1년간 1월 개근 시 1일씩 발생하는 휴가일수 + 다음 회계연도에 발생하는 연차휴가 일수(15일 × 근속기간(입사일부터 12월 31일까지) 총일수 ÷ 365 : 비례 연차)

2. 입사 다음 연도의 연차휴가 일수 = (11 − 입사 연도에 발생한 월차 개념의 연차휴가 일수) + 15일

3. 입사 다음다음 연도 1월 1일 기준 연차휴가 일수 = 15일

4. 입사 다음다음 다음 연도 1월 1일 기준 연차휴가 일수 = 16일

1년 계약직 근무 후
연장 계약 시 연차휴가

∨

01 / 계약직 근로자의 연차휴가

대법원은 그간 '연차휴가를 사용할 권리' 는 연차휴가를 쓸 연도가 아니라 그 전년도 1년간의 근로에 대한 대가라는 점을 명확히 해왔다. 달리 말해 어떤 노동자가 작년에 출근율이 80% 이상이면 올해 연차휴가를 쓸 권리가 생기는 것이다. 반면 1년 기간제 근로계약을 맺었는데, 만료와 동시에 일자리를 잃은 노동자에게는 근로기준법 제60조 2항에 따라 최대 11일의 월 단위 연차휴가(월차)만 부여된다.

반면 1년 후 계약기간의 단절 없이 연장 계약으로 연속적으로 근로 제공이 이루어졌을 때는 연차는 총 26일(1년 차 근로기간에 대해 11일 + (1년 + 1일) 초과 시점에 발생한 15일)이다. 즉 기간의 단절 없이 연속해 계약을 갱신한 경우는 하나의 계속된 근로로 보는 것이 원칙이다. 따라서 1년 계약직 근로 후 1년 연장을 한 경우 고용관계가 이어지는 하나의 연속된 근로로 보는 것이 맞으며, 이에 따라 1년 + 1일이 되는 시점에 15일의 연차가 발생한다. 즉 1년 미만까지는 매월 1개씩 총 11일의 연차가 발생하다가 1년이 지난 시점인 1년 + 1일에 15

일의 연차가 별도로 발생한다. 총 26일의 연차가 주어진다.

구 분	연차휴가
1년 계약직으로 끝나는 경우	11일
1년 계약직 근무 후 계약기간의 연장으로 연속적으로 근무하는 경우	11일 + 15일 = 26일

02/ 계약직 근로자의 연차휴가 사용 촉진

입사 후 1년 미만의 기간에 대한 연차휴가 사용촉진을 정한 근로기준법 제61조 제2항에서는 최초 1년의 근로기간이 끝나는 날을 기준으로 최대 9개의 연차휴가는 3개월 전, 나머지 최대 2개의 연차휴가는 1개월 전에 사용촉진을 하도록 하고 있는데, 1년의 근로가 예정되어 있지 않은 계약기간 1년 미만의 계약직(기간제) 근로자에게는 최초 1년의 근로기간이 끝나는 날이 존재하지 않아, 연차휴가 사용촉진이 적용되지 않는다. 다만, 1년 미만의 근로계약을 체결하였더라도 근로계약 갱신 또는 계약기간 연장 등으로 근로관계의 단절 없이 1년 이상의 근로가 예정되어 있는 경우라면 연차휴가 사용촉진 조치를 할 수 있다. 즉, 근로기준법 제61조 제2항에서 정한 '1년 미만 기간에 대한 연(월)차 휴가(최대 11일) 사용촉진은 ① 근로계약기간을 정함이 없는 통상의 근로자와 ② 1년 미만의 근로계약을 정했더라도 계약갱신 또는 계약연장 등으로 계속근로기간이 1년 이상이 될 것이 예상되는 근로자에게 적용된다.

파견근로자의 연차유급휴가

01 / 연차유급휴가 부여 의무자

파견 근로계약은 1년, 상호 협의가 이루어졌으면 최대 2년까지 계약할 수 있다. 이 기간 동안 발생한 연차휴가는 파견사업주가 연차유급휴가를 제공해야 하고, 파견근로자는 파견사업주에게 연차를 요청한다. 파견법 34조 1항에 따르면, 파견 중인 근로자의 파견근로에 관해서는 파견사업주 및 사용사업주를 근로기준법 제2조의 규정에 의한 사용자로 보아 근로기준법을 적용한다고 명시되어 있다.

02 / 미사용 연차유급휴가 수당 지급 의무자

만약 파견근로자가 유급휴가를 다 사용하지 못했다면, 이에 따른 미사용 수당 또한 파견사업주가 지급해야 한다. 파견법 제34조 3항에 따르면, 근로기준법(제55조, 제73조, 제74조)에 의거 사용 사업자가 유급휴일 또는 유급휴가를 주는 경우, 그 휴일 또는 휴가에 대하여 유급으로 지급되는 임금은 파견사업주가 지급하도록 명시되어 있다.

다만, 파견사업주가 근로자에게 미사용 연차휴가 수당을 지급하지 않은 경우, 파견사업주뿐만 아니라 사용사업주도 연대해 책임을 져야 한다.

03/ 연차사용촉진 의무자

파견근로자를 대상으로 연차사용촉진에 대한 명확한 법 규정은 따로 정해진 것은 없다. 하지만, 이와 관련해 고용노동부 행정해석 <고용차별개선과-1998, 2017-08-21>에서 근로기준법 제60조 연차 유급휴가 부여 의무 규정에 대해 '파견사업주를 사용자로 보고, 근로기준법 61조 연차유급휴가의 사용촉진 규정에 대해서도 파견사업주를 사용자로 본다.' 고 해석한 바 있다.

그러므로, 파견근로자의 미사용 연차사용촉진은 파견사업주가 의무자가 될 수 있다. 다만, 파견근로자가 연차유급휴가를 사용함에 있어 파견근로자를 실제로 사용하는 사용사업주의 협조가 반드시 필요하므로, 파견사업주는 사용 사업주에게 근로자의 연차휴가 사용과 관련해 적극적으로 협조를 요청하고, 사용사업주는 사업 운영에 특별한 사정이 없는 한 협조에 응하는 것이 필요하다.

임원도 연차휴가를 줘야 하나?

형식상 임원일 뿐이며 실제 근로자와 유사한 지위에 있다면 근로기준법상 연차휴가를 줘야 한다. 반면 근로자에 해당하지 않으면 회사 자체 규정에서 연차휴가를 준다는 규정이 있지 않으면, 주지 않아도 된다. 결과적으로 규정이 없다면 지급할 이유가 없다.

연차휴가는 근로기준법상 근로자가 청구할 수 있는 것이므로, 원칙적으로 회사의 업무집행권을 가진 이사 등 임원은 회사와 근로계약 관계에 있지 않으므로 근로자라 볼 수 없다.

판례에서는 등기임원의 경우 형식적, 명목적인 이사에 불과하다는 것과 같은 특별한 사정이 존재하지 않는 한 근로자성을 부인하는 입장이다. 즉 근로자로 보지 않아 연차휴가를 부여하지 않아도 된다.

반면, 비등기임원의 경우 상법상 기관으로써의 권한이 없다는 점에서 대표이사 등의 지휘, 감독하에 일정한 노무를 담당하고, 그 대가로 일정한 보수를 지급받는 관계에 있다고 보아, 근로자성을 인정하는 입장이다. 즉, 근로자로 보아 연차휴가를 부여해야 한다.

따라서 임원이 업무집행권을 가지는 대표이사 등의 지휘·감독하에 일정한 노무를 담당하면서 그 노무에 대한 대가로 일정한 보수를 받아 왔다면, 그 임원은 근로기준법상 근로자에 해당할 수 있으며, 연차휴가 미사용수당을 청구할 수 있다.

구 분	임원의 연차휴가 적용
등기임원	회사 자체적으로 규정을 두고 있지 않으면 법적으로는 연차휴가를 부여할 의무가 없다.
비등기임원	판례상으로 근로자로 인정하고 있으므로 연차휴가를 부여한다.

촉탁직 근로자의 연차휴가 계산

촉탁직은 정년퇴직 시점에 근로관계가 단절되므로 촉탁직 채용 전의 근속기간을 다 합쳐서 연차휴가를 산정하지 않고, 촉탁직 계약 시점에 신입사원으로 재입사한 것으로 보아 촉탁직 최초 전환 시 신입사원과 같이 연차휴가를 계산한다. 다만, 촉탁직 전환 이후에는 가산되는 것이 원칙이다.

① 월 단위 연차휴가(1달 개근 시 월 + 1일에 1일) 총 11일

② 1년 + 1일이 되는 시점에 연 단위 연차휴가 15일

③ 촉탁직 계약 1년 + 1일이 되는 시점에 총 26일의 연차 발생(딱 1년은 11일)

④ 2년 15개, 3~4년 16개, 5~6년 17개 등 기존 신입사원 연차 계산과 동일하다.

24시간 격일제 근무자의 연차휴가 사용일수 계산

근로기준법에 의한 연차휴가 사용에 따른 당해 휴가일의 유급처리를 위한 시간은 노사 당사자 간 정한 소정근로시간(소정근로시간이 없는 경우에는 법정기준근로시간)을 기준으로 함이 원칙이나, 24시간 격일제 근무 형태에 종사하는 자에 대하여는 근로일의 근무를 전제로 다음 날(비번일)에 휴무하는 것이므로, 근로일에 1일의 연차휴가를 사용하는 경우는 2일(당해 근로일과 다음날 비번일)을 휴가를 사용한 것으로 보도록 하고 있다. 다만, 근로자가 1일의 휴가로 처리해 달라고 요구한 때에는 휴가 사용일 다음 날(비번일)에 1일의 근로시간의 절반 즉, 12시간에 해당하는 근로를 하여야 하는 것으로 해석하고 있다[근기 68207-3288, 2001.9.26].

따라서 24시간 격일제 근무자의 경우, 1일의 휴가 사용 시간을 12시간으로 간주하고 있으므로 연차휴가수당 또는 연차휴가미사용 수당을 지급하기 위한 기준시간은 12시간으로 하는 것이 형평에 어긋나지 않을 것으로 사료된다[임금근로시간정책팀-3961, 2006.12.27.].

하루 근무(근무일)하고 익일에 휴무(비번일)하는 격일제 근무에 있어서 비번일은 전날의 근무일에 정상적인 근무가 이루어지는 경우 인정되는 휴무일로 전날의 정상적인 근무 여부와 관계없이 인정되는 휴일과는 그 성격이 다르므로, 근무일에 결근한 경우 익일의 비번 일을 포함하여 1일의 결근이 아닌 2일의 결근으로 보는 것이 무방하며, 연차휴가 등을 부여함에 있어서도 근무일과 익일의 휴무일을 함께하여 2일의 휴가를 부여하는 것도 무방하다고 사료된다[근기 68207-880, 97.7.4].

격일제 근무의 경우 1일 근무를 전제로 그 다음 날 1일의 휴무를 부여하는 것이다. 따라서 근무일에 휴가를 사용하고 바로 다음 날(당초 비번일) 근무를 하지 않고 휴가를 사용했다면 연차휴가를 2일 사용한 것으로 본다.

다만 근무일만 휴가를 사용하고 그다음 날에 근무하면 1일의 휴가를 사용한 것으로 본다.

[질 의]

❏ 격일제 근로 형태에서의 연차유급휴가 산정 방법

[회 시]

❏ 「근로기준법」 제60조 규정에 따라 사용자는 1년간 80% 이상 출근한 근로자에게 15일의 유급휴가를 부여하고, 계속 근로한 기간이 1년 미만인 근로자 또는 1년간 80% 미만 출근한 근로자에게는 1개월 개근 시 1일의 유급휴가를 주어야 합니다.

❏ 연차유급휴가는 근로자가 청구한 시기에 부여해야 하므로 근로자가 휴가 사용을 청구한 날에 한하여 휴가를 사용한 것으로 보아야 할 것이지만, 통상적인 격일제 근로 형태(통상 2개조로 나누어 1개조가 24시간 연속근무를 2역일에 걸쳐 반복하여 근무하고 전일의 근무를 전제로 다음 날에 휴무일이 주어지는 형태)에 종사하는 근로자라면, 근로일의 근무를 전제로 다음 날(비번일)에 휴무하는 것이므로 연차유급휴가를 사용하여 근무일과 다음날을 함께 휴무하였다면 2일의 휴가를 사용한 것으로 볼 수 있습니다(근로기준 정책과-561).

5인 이상과 5인 미만이 반복되는 사업장의 연차휴가

5인 이상과 5인 미만이 반복되는 사업장의 연차휴가(5인 미만 사업장이 5인 이상 사업장이 된 경우, 5인 이상 사업장이 5인 미만 사업장이 된 경우) 산정 방법을 살펴보면 다음과 같다.

01 / 5인 미만에서 5인 이상 사업장이 된 경우

입사 당시에 5인 미만 사업장이었는데, 5인 이상 사업장이 된 경우 연차휴가는 다음의 예규를 참고한다.

1년 동안 계속해서 상시근로자 수가 5인 이상이라는 의미는 월 단위로 상시근로자 수를 산정한 결과 5인 이상인 월이 계속해서 1년이 되어야 한다는 의미이며, 중간에 1달이라도 5인 미만이 되는 경우는 연차휴가는 발생하지 않는다. 즉 12개월간 5인 이상이 지속되어야 연차가 발생하며, 예를 들어 11개월은 5인 이상 나머지 1달은 5인 미만인 경우 연차가 발생하지 않는다. 다만, 이 경우에는 5인 이상인 달에 개근한 근로자에 한 해 1일씩의 유급휴가가 발생할 뿐이다(근로기준법 적용 범위 관련 상시근로자 수 판단기준, 근로기준과-877, 2008.06.30. 및 임금 68207-735, 2001.10.26.).

❶ 예를 들어 1월 1일 입사자의 경우 1월 1일부터 12월 31일까지 계속 5인 이상 사업장이어야 다음 해 1월 1일 15일의 연차휴가가 발생하며, 11월 30일까지 5인 이상이다가 12월 한 달간 5인 미만이 되면 연차휴가는 발생하지 않는다. 다만, 1월부터 11월까지 개근에 따른 11일의 연차휴가는 발생한다.

❷ 예를 들어 2024년 1월 1일 입사할 때는 5인 미만 사업장이었지만, 2024년 10월 1일부터 5인 이상 사업장이 되었다면, 5인 이상 사업장이 된 시점(2024년 10월 1일)부터 만 1년이 되는 시점(2025년 10월 1일)에 연차휴가 15일이 발생하게 된다. 이 경우 5인이 된 시점(전직원 입사일임)부터 기산하므로 연차도 근속연수에 상관없이 동일하다. 즉 5인 이상과 미만이 반복되어 5인 이상인 기간이 1년 미만인 경우는 월 단위로 5인 이상인 기간에 대해서면 월 1일의 연차휴가를 준다.

02 / 5인 이상에서 5인 미만 사업장이 된 경우

입사 당시에 5인 이상 사업장이었는데, 5인 미만 사업장이 된 경우 연차휴가는 상시근로자 5인 이상 사업장에서만 적용되므로 5인 미만인 시점부터는 적용되지 않는다.

예를 들어 2024년 1월 1일 입사할 때는 5인 이상 사업장이었지만, 2024년 12월 1일부터 5인 미만 사업장이 되었다면 법적인 휴가청구권은 인정되지 않는다. 즉 15일의 연차휴가는 발생하지 않고 입사 이후 5인 이상인 기간에 대해서만 1월 개근 시 1일의 연차유급휴가가 주어진다.

주 15시간 이상과 미만을 반복하는 단시간근로자의 연차휴가

01 / 1주 15시간 이상 근로하는 경우

1주 15시간 이상 근로하는 단시간 근로자에게는 일반 근로자와 동일하게 연차 유급휴가를 부여한다. 즉, 연간 15일의 유급휴가를 기본으로 하며, 연차 발생 기준에 따라 그에 맞는 휴가를 부여한다. 단 근로시간에 따라 비례적으로 계산된 연차 유급휴가를 부여한다. 예를 들어, 정규 근로자가 연간 15일의 연차 유급휴가를 받을 경우, 1주 15시간 이상의 단시간근로자는 이를 비례적으로 계산하여 휴가를 부여받게 된다.

예를 들어, 만약 단시간근로자가 1주 20시간 근무하고 있다면, 이 경우는 1주 15시간 이상 근무하므로 연차 유급휴가를 부여받게 된다. 연간 근무일수를 기준으로 비례 계산하여 휴가를 부여하게 된다.

따라서 위 사례의 경우 15일 × (20시간 / 40시간) × 8시간 = 60시간이므로 1년에 60시간의 연차휴가 시간을 부여한다. 위 파트타이머는 월요일 8시간, 수요일 6시간, 금요일 6시간을 근무하므로 만약 월요일에 연차휴가를 사용하면 8시간을, 수요일에 사용하면 6시간을, 금요일에 사용하면 6시간을 연차휴가시간에서 차감하면 된다. 1년간 사용한 연차휴가 시간이 총 45시간이라면 나머지 15시간(= 60시간 - 45시간)은 수당으로 지급하면 된다.

02 / 1주 15시간 미만 근로하는 경우

4주 동안을 평균하여 1주 동안의 소정근로시간이 15시간 미만인 근로자에게는 근로기준법 제60조(연차유급휴가)가 적용 제외되어 연차유급휴가가 발생하지 않으며 미사용 시에는 이에 따라 연차미사용수당 지급의무가 없다.

03 / 1주 15시간 미만과 이상을 반복하는 경우

근로자의 1주 소정근로시간이 15시간 미만인 경우 이견의 여지가 없지만, 계속근로기간 중 일부는 15시간 이상, 일부는 미만으로 근무를 한 직원이 있는 경우 연차휴가 지급 여부가 문제될 수 있다. 이에 대해 최근 고용노동부는 "4주 평균 1주 소정근로시간이 15시간 미만과 이상을 반복하는 경우, 1주 소정근로시간이 15시간 미만인 기간이 포함돼 있더라도 1년 전체의 평균 주 소정근로시간이 주 15시간 이상이고, 총소정근로일에 대한 출근율이 80% 이상이라면 법 제60조 제1항에 따라 15일의 연차휴가를 부여함이 타당" 하다고 판단한바 있다(2018.2.5. 근로기준정책과-972). 즉, 1년을 근로한 근로자가 특정 기간에 1주 15시간 미만 근로를 제공했다 하더라도 1년 평균으로 보아 15시간 이상이라면 연차휴가를 부여해야 한다는 입장이다.

구 분	연차휴가
월 단위 연차휴가	월 단위 연차휴가의 산정 대상 기간은 1월이다. 따라서 단시간근로자 혹은 일용근로자의 1주 소정근로시간이 15시간 이상과 미만을 반복한다면, 월 전체에 대해서 1주 평균 소정근로시간이 15시간 이상이고 소정근로일에 대한 출근율이 100%인 경우 연차휴가가 발생한다.
연 단위 연차휴가	연 단위 연차휴가의 산정 대상 기간은 1년간이다. 따라서 단시간근로자 혹은 일용근로자이 1주 소정근무시간이 15시간 이상과 미만을 반복한다면, 1년 전체에 대해서 1주 평균 소정근로시간이 15시간 이상이고 소정근로일에 대한 출근율이 80%이상일 경우 연차휴가가 발생한다.

[행정해석] 근로조건지도과-4378, 2008.10.9
단시간근로자의 연차 유급 휴가와 관련해서는 계속근로 연수 1년간 전체에 대해 1주 동안의 소정근로시간(4주간 평균)이 15시간 이상인 근로자에게 적용된다고 할 것입니다.

1일 8시간보다 적은 단시간근로자의 연차휴가와 연차수당의 계산 방법

구 분	계 산
연차휴가일수	결국 휴가 일수는 일반근로자와 같다. 다만 시간이 다를 뿐이다.
	예를 들어 1일 5시간 근로하는 근로자가
	1. 1월 개근 시마다 1일의 연차휴가가 발생하고
	2. 1년 80% 이상 개근 시 15일의 연차휴가가 발생한다.
	일반근로자는
	1. 1월 개근 시마다 1일 8시간의 연차휴가가 발생하고, 단시간근로자는 1월 개근 시마다 5시간의 연차휴가가 발생한다. 일반근로자의 1일 단위 기준시간이 8시간, 단시간근로자는 5시간일 뿐 1일 부여는 같다.
	2. 1년 80% 이상 개근 시 1일 8시간 15일 해서 120시간이 발생하고, 단시간근로자는 1월 개근 시마다 5시간 15일 해서 75시간의 연차휴가가 발생한다. 물론 이 경우도 일반근로자의 1일 단위 기준시간이 8시간, 단시간근로자는 5시간일 뿐 15일 부여는 같다.
연차휴가수당	연차휴가일수는 총시간만 다를 뿐 연차휴가일수는 같다. 하지만 연차수당을 시급을 기준으로 지급한다.
	예를 들어 일반근로자의 15일분 연차수당은 120시간이고, 단시간근로자의 15일분 연차수당은 75시간이다.

구 분	계 산
	1. 일반근로자 연차미사용 시 미사용수당을 계산할 경우(시급 10,030원 적용) 120시간 × 10,030원 = 1,203,600원 2. 단시간근로자 연차미사용 시 미사용수당을 계산할 경우(시급 10,030원 적용) 75시간 × 10,030원 = 752,250원

사용자는 단시간 근로자에게 연차유급휴가를 주어야 한다. 가장 중요한 것은 시간 단위로 계산하라는 것이다. 유급휴가는 다음의 방식으로 계산한 시간 단위로 하며, 1시간 미만은 1시간으로 본다.

단시간근로자의 연차유급휴가 일수

1주 소정근로시간이 15시간 이상인 단시간근로자도 연차유급휴가를 부여한다.
단시간근로자의 연차유급휴가 산정방식(시간 단위, 1시간 미만은 1시간으로 봄)

$$\text{통상근로자의 연차휴가일수} \times \frac{\text{단시간근로자 소정근로시간}}{\text{통상근로자의 소정근로일수}} \times 8\text{시간}$$

01 / 월 단위 근속분에 대한 연차휴가와 연차수당

단시간근로자도 1달 개근시 1일의 연차휴가를 줘야 한다. 다만 이를 미사용해 수당으로 지급하는 경우는 1일 소정근로시간 × 시급을 지급하면 된다. 즉 단시간근로자의 근로조건은 통상근로자의 근로조건을 비율에 따라 제공하므로 1달 개근할 경우 연차휴가 계산 시에도 아래와 같이 시간 단위로 부여해야 한다.

> 6개월 개근 후 퇴직 시 일반근로자는 1개월에 1일의 연차휴가 발생하므로 단시간근로자는 이에 비례해서 계산하면 다음과 같다.

해설

구 분	계 산
연차휴가일수	6일(통상근로자의 연차휴가 일수) × 24시간/40시간 × 8시간 = 28.8시간
연차휴가수당	연차미사용 시 미사용수당을 계산할 경우(시급 10,030원 적용) 28.8시간 × 10,030원 = 288,864원이 전체 미사용 수당 금액이다.

[예시1]

예를 들어 근로계약서에 1일 4시간씩 5일 근무가 정해진 근로자 A가 1개월 개근한 경우 연차수당 = 1일 × 4시간 × 시급을 지급한다.

[예시2]

예를 들어 근로계약서에 1일 8시간씩 3일 근무가 정해진 근로자 A의 연차수당 = 1일 × (24시간 ÷ 40시간) × 8시간 × 시급을 지급한다.

[예시3]

예를 들어 근로계약서에 1일 4시간씩 6일 근무가 정해진 근로자 A의 연차수당 = 1일 × (24시간 ÷ 40시간) × 8시간 × 시급을 지급한다.

1주	2주	3주	4주	주 평균
25시간	21시간	25시간	21시간	23시간

4주간의 총근로시간은 92시간이고 평균 1주 소정근로시간은 23시간이다.

연차수당 = 1일 × (23시간 ÷ 40시간) × 8시간 × 시급을 지급한다.

02 / 연 단위 근속분에 대한 연차휴가와 연차수당

단시간근로자의 근로조건은 통상근로자의 근로조건을 비율에 따라 제공하므로 1년에 80% 이상 개근할 경우 연차휴가 계산 시에도 아래와 같이 시간 단위로 부여해야 한다.

연차휴가 미사용수당 계산의 예 : 1주 3일(8시간), 24시간 근무 시

해설

구 분	계산
연차휴가일수	1년간 80% 이상 출근한 경우 15일(통상근로자의 연차휴가 일수) × 24시간/40시간 × 8시간 = 72시간 부여
연차휴가수당	연차미사용 시 미사용수당을 계산할 경우(시급 10,030원 적용) 72시간 × 10,030원 = 722,160원이다.

[예시1]

예를 들어 근로계약서에 1일 4시간씩 5일 근무가 정해진 근로자 A의 연차휴가 15일 × (20시간 ÷ 40시간) × 8시간 = 60시간을 사용할 수 있다.

근로계약서에 1일 4시간씩 5일 근무가 정해진 연차휴가 시간은 60시간이 된다. 이를 먼저 연차휴가 일수의 관점에서 해석해보면, 1일 4시간씩 근무하는 단시간근로자가 1일 연차휴가를 사용한다면 4시간이 차감된다. 그러면 60시간 나누기, 4시간 하면 15일이 나온다. 즉 통상근로자와 연차휴가일 수에는 차이가 없다. 다만 미사용 연차휴가에 대한 수당을 지급할 때는 60시간 × 10,030원 = 601,800원이 된다.

[예시2]

예를 들어 근로계약서에 1일 8시간씩 3일 근무가 정해진 근로자 A의 연차휴가 15일 × (24시간 ÷ 40시간) × 8시간 = 72시간을 사용할 수 있다.

연차휴가는 1일 단위의 소정근로시간만큼 소정근로일에 부여해야 하므로, 단시간근로자는 1년 동안 1일 8시간에 해당하는 연차휴가 9일(72시간 ÷ 8시간)을 사용할 수 있다.

연차수당(연차미사용 시 미사용수당 계산할 경우(시급 10,030원 적용 시)

72시간 × 10,030원 = 722,160원

[예시3]

예를 들어 근로계약서에 1일 4시간씩 6일 근무가 정해진 근로자 A의 연차휴가 15일 × (24시간 ÷ 40시간) × 8시간 = 72시간을 사용할 수 있다.

연차휴가는 1일 단위의 소정근로시간만큼 소정근로일에 부여해야 하므로, 단시간근로자는 1년 동안 1일 4시간에 해당하는 연차휴가 18일(72시간 ÷ 4시간)을 사용할 수 있다.

연차수당(연차미사용 시 미사용수당 계산할 경우(시급 10,030원 적용 시)

72시간 × 10,030원 = 722,160원

[예시4]

1주	2주	3주	4주	주 평균
25시간	21시간	25시간	21시간	23시간

4주간의 총근로시간은 92시간이고 평균 1주 소정근로시간은 23시간이다.

15일 × (23시간 ÷ 40시간) × 8시간 = 69시간 연차휴가는 1일 단위의 소정근로시간 만큼 소정근로일에 부여해야 하므로, (69시간 ÷ 1일 소정근로시간)을 1년 동안 연차유급휴가로 제공한다.

단시간근로자(아르바이트)에서 정규직 전환 시 연차휴가

01 / 단시간근로자로 근무하다 근무기간 단절 없이 정규직 채용

근로계약 단절 없이 계속 근로하다가 정규직으로 전환된 경우는 단시간근로자(알바) 입사일부터 연차휴가를 계산하면 된다.

단시간근로자(알바)로 1년 근무 후 정규직으로 전환하는 경우 단시간근로자(알바)와 정규직 기간이 명확히 분리되어

❶ 단시간근로자(알바)로 근무한 시간은 단시간근로자(알바)로 근무한 시간대로 연차휴가를 부여하고,

❷ 정규직 전환 시점에 8시간을 기준으로 연차휴가를 부여하면 문제가 없다.

그러나 연중에 정규직으로 전환하는 경우 연차휴가 1일 기준시간 차이로 인해 고민이 생긴다.

이 경우

❶ 모든 기간을 1일 8시간 기준으로 연차휴가를 부여하거나

❷ 단시간근로자(알바) 기간은 1주일 소정근로시간/40시간 × 8시간

기준으로 계산하고, 정규직 기간은 8시간 기준으로 계산해 부여한 연차휴가가 근로자에게 불이익하지 않다면 위법이 아니다.

02 / 단시간근로자로 근무하다 일정기간 후 정규직 채용

2024년 12월에 계속근로기간 1년이 되는 경우 해당 시점에서 연차휴가가 발생한다.

근로기준법 제60조에 따라 연차휴가는 입사일로부터 1년간 사용이 가능하다. 따라서 근로계약 단절 없이 계속 근로하다가 2월이나 3월에 기간을 정함이 없는 통상근로자(무기계약직)로 전환된다면 무기계약직 근로자로 전환 후 2025년 12월 이내에 연차휴가를 사용케 하면 문제될 것은 없다.

그러나 2024년 12월에 계속근로기간이 1년이 되어 연차휴가가 발생하고, 근로계약이 종료되었다가 2025년 2월 혹은 3월에 새로 채용될 경우라면 근로계약이 단절된 상황에 해당하므로, 2025년 12월 근로계약이 종료되는 시점에서 미사용 연차휴가에 대해 미사용 연차수당을 현금으로 보상해야 하며, 2025년 2월 혹은 3월에 신규입사한 것으로 봐 연차휴가를 계산한다.

육아휴직기간 및 육아기 근로시간 단축 연차휴가일 수 계산

01 / 육아휴직기간의 연차휴가

육아휴직 기간은 출근한 것으로 간주되어, 휴직 여부와 관계없이 발생 및 사용할 수 있다. 즉, 육아휴직 사용 여부에 따라 연차휴가일 수가 달라지지 않게 된다.

육아휴직 후 복직한 근로자의 연차유급휴가 일수

육아휴직 기간은 출근한 것으로 간주하여 출근율을 계산하여 휴가일 수를 부여한다.

1년 동안 육아휴직을 사용하여 총 소정근로일수를 출근하지 아니하였다 하더라도 해당 기간을 모두 출근한 것으로 보고 연차유급휴가를 부여해야 한다.

예를 들어 2024년 1월 1일 입사한 근로자가 2025년 1월 1일부터 2025년 12월 31일까지 육아휴직을 사용했을 경우 2026년 1월 1일 발생하는 연차유급휴가일 수는 15일이다(육아휴직 기간은 출근한 것으로 간주).

2020년 8월 12일 입사, 회계연도 기준 운영, 2024년 1월 1일~12월 31일 동안 육아휴직 사용 후 2025년 1월 1일에 복직

해설

휴가 사용 가능 기간	휴가 사용 가능 일수
2020년 8월 12일 ~ 12월 31일	6일(15일 × 142 ÷ 365 = 5.8일)
2021년 1월 1일 ~ 12월 31일	15일
2022년 1월 1일 ~ 12월 31일	15일
2023년 1월 1일 ~ 12월 31일	16일
2024년 1월 1일 ~ 12월 31일	16일
2025년 1월 1일 ~ 12월 31일	17일

주 1년 미만 월 기준 연차휴가 11일은 별도

02 / 육아기 근로시간 단축 시 연차휴가

육아기 근로시간 단축 근로자의 연차휴가는 단시간근로자 연차유급 휴가 방식과 같이 시간 단위로 한다.

단시간근로자 연차유급휴가 계산방식 : 시간 단위
통상근로자의 연차휴가일 수 × (단시간근로자의 소정근로시간 ÷ 통상근로자의 소정근로시간) × 8시간
예를 들어 1년 내내 2시간을 단축해 하루 6시간씩 근무한 경우
15일 × (6시간 ÷ 8시간) × 8시간 = 90시간
90시간 ÷ 8시간 = 11.25일

> 11.25일 중 0.25일 × 8시간 = 2시간(1시간 미만은 1시간으로 본다.)
>
> 총 11일 2시간의 연차휴가 부여
>
> 고용노동부 행정해석(여성 고용과 - 284, 2008-06-10)

육아기 근로시간 단축을 하는 근로자에 대하여 임금, 연차휴가 등에 대해서 근로시간에 비례하여 적용하는 때 외에는 근로조건을 불리하게 할 수 없도록 규정하고 있다.

육아기 근로시간 단축이 1년 내내 이루어지지 않고, 정상 근로기간과 단축 기간이 혼재된 경우는 각 기간을 나누어 산정한 후 합산한다.

> 2025년 1월부터 6월까지 소정근로일수 : 130일(2시간 단축)
>
> 2025년 7월부터 12월까지 소정근로일수 : 130일(정상 근무)
>
> 2025년의 총 소정근로일수 : 260일 가정
>
> 소정근로일수란 근무할 의무가 있는 날을 말한다.

해설

① 1월 1일~6월 30일 육아기 근로시간 단축 기간 :

15일 × (단축 시 소정근로일수 130일 ÷ 2025년 총 소정근로일수 260일) × (6시간 ÷ 8시간) × 8시간 = 45시간

② 7월 1일~12월 31일 정상 근로기간 :

15일 × (정상 근무 소정근로일수 130일 ÷ 2025년 총 소정근로일수 260일) × 8시간 = 60시간

즉, 내년에는 ① + ② = 45시간 + 60시간 = 105시간의 연차휴가가 발생한다.

이를 일 단위(1일 8시간 근무기준)로 환산하면 105시간 ÷ 8시간 = 13.125일이 되는데, 0.125일은 다시 시간으로 환산하여 0.125 × 8시간 = 1시간이 된다. 최종적으로 2026년에 13일 1시간의 연차휴가가 발생한다.

휴업 시 연차휴가 계산

01 / 월 단위 연차휴가

입사 후 1년 미만 연차의 경우에도 월 단위 휴업기간과 근무일의 비율에 따라 산정되므로, 1일 미만의 연차휴가가 발생할 수 있음에 유의할 필요가 있다(연 단위 연차휴가의 계산방식과 동일하게 비례해서 부여).

1달 전체를 휴업하는 경우는 1년 미만 월 단위 연차 미발생

[관련 행정해석] 회시 번호 : 근로기준정책과-8676, 회시 일자 : 2018-12-28

❑ 연차유급휴가 부여 시 사용자의 귀책 사유로 인한 휴업기간, 적법한 쟁의 행위 기간 등 특별한 사유로 근로제공의무가 정지되는 날(기간)은 소정근로일수 계산에서 제외되며,

근로기준법 제60조 제1항에 따른 연차유급휴가(1년간 80% 이상 출근 시 15일)는 사용자의 귀책 사유로 인한 휴업기간, 적법한 쟁의행위기간 등을 제외한 나머지 소정근로일수의 출근율에 따라 산출된 일수에 당해 사업장의 연간 총 소정근로일수에 대한 위의 나머지 소정근로일수 비율을 곱하여 산정합니다.

※ 15일 × {(연간 총 소정근로일수 – 특별한 사유로 근로 제공 의무가 정지된 일수) ÷ 연간 총 소정근로일수}

❑ 또한, 근로기준법 제60조 제2항에 따른 연차유급휴가(계속 근로기간 1년 미만 또는 1년간 80% 미만 출근한 경우 1개월 개근 시 1일씩)는 1개월간 사용자의 귀책 사유로 인한 휴업 기간, 적법한 쟁의행위기간 등을 제외한 나머지 소정근로일수를 개근하였다면 1일의 연차유급휴가를 부여하여야 합니다.

02/ 연 단위 연차휴가

사용자 귀책 사유로 1년 중 일부를 휴업한 경우는 1년간의 소정근로일 수에서 휴업한 기간을 제외한 기간을 총 근로일수로 보아야 하며, 휴업한 기간을 제외하고 남은 기간 동안 근로자가 얼마나 출근하였는지를 따지게 된다.

예를 들어 1년 총 소정근로일수가 300일인데, 이 중 150일을 휴업한 경우 총 근로일수는 300일 – 150일 = 150일로 봐야 하며, 150일 중 135일을 출근하였다면 135일 ÷ 150일 = 90%가 출근율이 된다.

사용자 귀책 사유로 휴업한 기간을 제외하고 출근율을 판단한 결과, 출근율이 80% 이상이라 판단되어 연차유급휴가가 발생한다고 하더라도 15개 이상의 연차휴가일 수가 온전히 부여되는 것은 아니며, 휴업한 기간을 고려하여 연차휴가일 수를 비례하여 지급한다.

15일 × {(연간 총 소정근로일수 – 특별한 사유로 근로제공의무가 정지된 일수) ÷ 연간 총 소정근로일수}

위 식에서 1년 내내 휴업한 때로써 1년 소정근로일수 300일을 가정하면 15일 × {(300 – 300) ÷ 300}으로 되어 연차휴가는 발생하지 않는다.

> 예를 들어, 연간 총 소정근로일수 300일, 휴업기간 40일인 경우 해당 근로자가 통
> 상적인 근로를 했을 경우 4년차 발생연차휴가 16일(연차에 따른 일수는 그대로)
> ① 연간 소정근로일수 300일에서 휴업기간 40일을 제외한 260일간 출근율이 80%
> 이상이면 연차휴가를 부여하여야 한다.
> ② 이때 연차휴가 일수는 (300일 − 40일)/300일 × 16일 = 14일이 된다.

근로자들이 전년도 출근율에 의하여 발생된 연차유급휴가를 사용하여야 할 다음 연도에 사업주 귀책 사유로 인한 휴업으로 실제 근로일이 하루도 없게 되어 사용하지 못하였다면 휴가청구권이 소멸되었다고 볼 수 없으며, 이 경우 소멸시효가 중단되었다고 보아야 할 것이다. 따라서 동 휴가청구권의 1년간의 소멸시효도 사용자의 귀책 사유가 종료(휴업 종료)되어 정상조업을 실시할 때부터 기산된다고 보아야 할 것이다.

동 휴가 미사용에 따른 수당청구권도 휴가청구권이 소멸된 직후의 임금 지급일에 발생한다.

예를 들어 2024년 사용해야 할 연차휴가 15일을 사업장의 휴업으로 1년간 사용하지 못한 경우, 2025년 1월 1일부터 사업장이 정상화되었다면 2025년에 연차휴가를 사용할 수 있으며, 미사용 수당에 대해서는 2026년에 청구권이 발생한다.

여름휴가를 연차휴가로 대체하는 경우 업무처리

사용자는 연차유급휴가를 근로자가 청구한 시기에 주어야 하며, 근로자가 청구한 시기에 휴가를 주는 것이 사업 운영에 막대한 지장이 있는 경우(사업장의 규모, 성질, 난이도, 바쁜 정도, 동일시기의 휴가자 수 등) 그 시기를 변경할 수 있다. 따라서 근로기준법 제62조 규정에 의한 근로자 대표와의 서면합의가 없는 경우 사업 운영에 막대한 지장을 주지 않는 경우 원하는 시기가 아닌 여름휴가 시기에 연차를 강제로 사용하게 하는 것은 위법일 수 있다(회사 규모가 작아 순차적으로 연차휴가 사용 시 대체인력에 문제가 발생하는 경우 사업 운영에 막대한 지장으로 간주되어 합법일 수도 있음). 반면 회사에 여름휴가를 별도로 주어야 한다는 규정이 없으면 연차휴가와 별도로 여름휴가를 주어야 할 의무도 사업주에게 없다.

01/ 여름휴가는 법에서 정한 휴가인가?

여름휴가는 법에서 의무적으로 쉬게 하는 법정휴가가 아닌 약정휴가이다. 약정휴가는 연차휴가, 출산전후휴가 등 근로기준법 등 노동관계

법령에 따라 의무적으로 지급해야 하는 휴가가 아닌 회사에서 근로계약, 취업규칙, 단체협약 등에 정함에 따라 발생하는 휴가이다. 따라서 회사의 근로계약, 취업규칙, 단체협약에 여름휴가를 연차휴가와 별도로 부여하도록 규정하고 있지 않은 이상 별도로 줄 의무는 없다.

구 분	업무처리
규정에 여름휴가를 따로 정하지 않은 경우	법적으로나 규정상으로 사업주가 여름휴가를 부여해야 할 의무는 없다. 그러므로 근로자별로 미사용한 연차유급휴가를 사용하여 휴가를 사용하면 된다.
규정에 여름휴가를 유급으로 5일 부여한 경우	규정으로 연차휴가와 별도로 여름휴가를 유급으로 5일 부여하게 되어 있으므로, 5일의 여름휴가는 약정 유급휴가로 별도 처리하고 연차휴가에서 차감하면 안 된다.
규정에 여름휴가 5일을 부여하되 3일은 유급, 2일은 무급으로 정한 경우	규정에 정한 바에 따라 3일은 연차와 별도의 약정 휴가로 처리하여야 하며, 나머지 2일은 미사용 연차유급휴가를 사용하는 것으로 처리한다.
연차로 여름휴가를 사용하는데 기간 중에 1일의 국·공휴일(약정 유급 공휴일 경우)이 포함되어 있을 때 여름휴가를 5일 사용한 것인지 4일 사용한 것인지	약정 유급 공휴일의 경우 처음부터 근로제공 의무가 없는 날이므로 연차는 4일을 사용한 것으로 보아야 한다.
연차로 여름휴가를 사용하는데 여름휴가 기간 중에 토요일과 일요일이 포함해 5일을 사용한 경우	토요일, 일요일은 처음부터 근로제공 의무가 없는 날이므로 연차는 3일을 사용한 것으로 보아야 한다.

02/ 여름휴가를 연차휴가로 대체하는 방법

여름휴가를 연차휴가에 일방적으로 공제하는 것은 무효라고 볼 수 있다. 다만, 근로기준법 제62조에서는 '사용자는 근로자 대표와의 서면합의에 따라 연차유급휴가 일을 갈음하여 특정한 근로일에 근로자를 휴무시킬 수 있다' 라고 규정하고 있다. 따라서 노동자 본인은 연차휴가 신청을 하지 않았다고 하더라도 근로자 대표가 합의했다면 여름휴가 일수를 연차휴가 일수로 대체 사용하게 하는 것이 가능할 것이다.

↗ 근로기준법상 연차유급휴가의 대체

근로기준법 제62조에서는 회사와 근로자 대표가 서면으로 합의하면, 연차휴가를 특정 근로일에 사용할 수 있다. 따라서 근로자 대표와 회사 간에 서면합의를 하고, 그 서면합의의 내용이 특정한 근로일에 연차휴가를 사용하는 것으로 되어 있다면 그 합의는 유효하므로, 이러한 경우 회사가 지정하는 특정 근로일에 연차휴가를 사용토록 하는 것이 위법하지는 않다.

↗ 일괄 하계휴가를 연차휴가로 대체할 경우

동종 업계가 특정일을 정해 여름휴가를 사용함으로 인해 여름휴가를 일괄적으로 사용하는 경우 즉, 노사 합의를 통해 전 근로자에 대해 동시에 하계휴가를 연차유급휴가로 대체하여 사용하는 경우 근로기준법 제62조에 의거 회사는 근로자 대표와의 서면합의가 있어야 한다.

↗ 개별 여름휴가를 연차휴가로 대체하는 경우

일괄 여름휴가가 아닌 근로자별 여름휴가를 부여하는 경우는 개별근로자의 신청에 의해야 한다. 즉 근로자 개인별 연차유급휴가를 신청해야 하며, 연차유급휴가 사용계획서를 통해 신청받거나 연차휴가 신청서를 통해 근로자의 신청이 이루어져야 한다. 여기서 여름휴가 사용 대상 일은 '근로일' 이어야 한다.

그러나 근로자가 개별 청구한 시기에 휴가를 주는 것이 사업 운영에 막대한 지장이 있는 경우(사업장의 규모, 성질, 난이도, 바쁜 정도, 동일시기의 휴가자 수 등) 그 시기를 변경할 수 있다(시기 조정권).

(03/ 연차휴가를 사용해 여름휴가를 가는 경우 주휴수당)

연차유급휴가를 사용해 여름휴가를 가는 경우, 애초에 '일하기로 정한 날' 이었으나 휴가 청구에 의해 근로제공 의무가 면제되는 날이므로 소정근로일에 포함되고 출근한 것으로 간주된다. 즉, 소정근로일이 월요일부터 금요일이고, 월요일부터 수요일까지 하계휴가를 사용했고 목요일과 금요일에 출근했다면 1주 소정근로일 모두를 출근한 것으로 봐 유급 주휴수당을 지급한다. 반면 월~금요일까지 연차휴가를 사용해 여름휴가를 간 경우는 유급주휴수당을 지급하지 않아도 위법이 아니다.

그러나 예컨대 8월 1일부터 8월 7일까지 전 직원에 대해 동시 휴가를 부여하는 경우 회사에서 단체협약 등에 의해 특정한 기간 동안 여름휴가를 부여하기로 정하고 있다면 이 기간은 소정근로일에서 제외된다. 따라서 주휴수당은 발생한다.

왜냐하면 단체협약 등에 의해 처음부터 근로제공 의무가 면제되는 날로 지정하고 있기 때문이다(2002.4.16, 근기 68207-1566).

참고로 유급주휴일은 사전에 법령에 따라 일하지 않는 날, 즉 근로제공 의무가 정지되는 날로 정해져 있으므로 소정근로일에서 제외된다.

토요일에 연차휴가를 사용할 수 있나?

사업장의 업무 특성상 연장근로가 휴무일에 고정적으로 발생하는 경우가 있다. 가령 소정근로시간은 월~금(주5일) 1주 40시간이고 고정적으로 토요일에 8시간씩 연장근로를 한다면 연장근로 일에 연차휴가 사용이 가능할지 의문이 들 수 있다.

근로기준법에 연차휴가는 소정근로일에 사용하는 것이라고 명시적으로 규정하고 있지 않았지만, 연차휴가의 목적과 취지상 휴일 또는 연장 근로일(본래의 휴무일)에는 사용이 원칙적으로 이뤄질 수 없다고 보는 것이 타당하다. 고용노동부도 근로기준법 제62조를 예를 들며 '연차유급휴가는 소정근로일에 사용하는 것으로서 휴일 및 휴무일에 사용케 하는 것은 불가' 하다는 입장이다. 또한 고정 연장근로는 본래의 휴무일에 연장근로를 하는 것으로 휴무일에 연장근로를 제공할 수 없는 상황이라면 연차휴가 사용이 아닌 연장근로를 거부해야 하는 것이 적절할 것이다. 또한 고정 연장근로에 대한 대가는 통상의 임금이 아닌 가산 수당이 추가돼 지급되므로 연차휴가에 대한 보상과도 다르다. 따라서 고정 연장근로 일에 휴식이 필요할 경우 연차휴가 사용이 아닌 연장근로 거부를 하는 것이 적절할 것으로 판단된다.

개인적(업무상) 질병으로 인한 결근은 연차휴가에서 우선 차감

개인적 질병으로 병가를 신청하는 경우 남은 연차휴가 일수에서 우선 차감할 수 있으며, 연차휴가를 사용하고도 모자란 경우 병가기간은 무급이 원칙이므로 병가 일수에 해당하는 통상임금을 임금에서 공제한다. 다만, 업무상 사유에 의한 병가 시에는 최소 평균임금의 70% 이상을 지급해야 한다(산재보험에서 지급하는 경우는 이를 공제한 차액이 있는 경우 지급한다.).

병가를 대신해서 연차휴가를 사용하는 것은 본인의 선택사항이지 회사의 강제 사항은 아니다.

업무상 재해로 통원 치료 일에 소정의 임금을 지급하고 있다면 별도의 휴업보상을 하지 않아도 무방하다(근기 1451-2072, 1984.10. 12).

업무상 요양 중인 근로자에 대해서 휴업수당과 별도로 상여금을 지급할 것인지는 취업규칙 등이 정하는 바에 따른다(근기 01254-8647, 1987.06.29.). 여기서 휴업수당은 임금에 해당한다(근기 01254-11057, 1986.12.07.).

업무상 질병으로 휴업한 경우 연차유급휴가 일수

예를 들어 2024년 1월 1일 입사한 근로자가 2025년 1월 1일부터 2025년 12월 31일까지 1년 동안 업무상 질병으로 총 소정근로일수를 출근하지 않았을 때 2026년 발생하는 연차유급휴가일 수는 15일이다(업무상 재해로 인해 휴업한 기간은 출근한 것으로 보고 연차유급휴가를 부여한다.).

출퇴근 기록 누락 및 지각, 조퇴로 인한 연차유급휴가 공제

01 / 출퇴근 3회 이상 시 연차유급휴가 1일 공제

출퇴근 3회 이상 기록 누락 시 연차유급휴가 1일을 공제하는 것은 개근한 것으로 보지 않는 것을 의미한다. 이는 근로기준법 제60조 제1항에서 1년간 개근이라는 내용과 그 의미가 다르다.

1년 개근이란 단체협약이나 취업규칙에서 정한 소정근로일의 개근을 말하는 것으로, 소정근로일의 근로시간에 대한 개근을 의미하는 것이 아니다. 출퇴근 3회 이상 기록 누락 시 이를 단체협약 또는 취업규칙에서 정하여 지각 또는 조퇴로 처리하는 것은 가능하나, 연차유급휴가 1일을 공제하는 것은 위법이다. 즉, 연차유급휴가를 공제한다는 것은 결근을 의미하므로 연차유급휴가를 공제할 수 없다(근거 : 근기 01254-3153, 1990.03.03.).

지각, 조퇴 몇 회 이상 시 연차유급휴가 1일을 공제하는 것도 상기 내용과 동일이다. 다만, 빈번한 출퇴근 기록 누락에 따른 징계(정직, 급여 감액 등)는 가능하다.

02 / 누계시간으로 연차유급휴가 1일 공제

출퇴근 기록 누락 또는 지각 및 조퇴에 따른 누계시간으로 연차유급
휴가 1일 공제는 가능하다.

근로기준법 제60조(연차유급휴가)의 휴가의 부여 단위인 '일'의 개
념은 일하기로 정한 근무일을 휴가로 대체함을 의미하며, 일 소정근
로시간은 8시간으로 연차유급휴가는 이를 휴가로 대체함을 의미한다.
단체협약 또는 취업규칙 등에서 지각, 조퇴 누계 8시간을 연차유급휴
가 1일로 계산한다는 규정을 두는 것은 노사 특약으로 볼 수 있으며,
부여받은 연차유급휴가 1일을 공제하는 것은 위반이라 볼 수 없다는
행정해석이 있다(근거: 근기 68207-157, 2000.01.22.).

출퇴근 3회 이상 기록 누락 후부터는 지각으로 처리하고, 이를 30분
지각 또는 30분 조기 퇴근으로 간주한다는 내용을 포함하여 규정에
명시하였다면 이는 곧 지각 30분 또는 조퇴 30분으로 처리되므로 누
계 8시간이 되는 경우 연차유급휴가 1일을 공제하는 것이 가능하다.
지각, 조퇴 등을 하였더라도 소정근로일에 개근(출근)하였다면 이를
결근으로 처리할 수는 없으나 그 시간을 누계하여 8시간이 되는 때
에는 1일을 공제하는 것이 가능하다.

구 분	업무처리
지각/외출 등 몇 회 이상은 결근으로 처리	불가능
지각/외출 등 시간을 모아 1일의 연차휴가 차감	가능

연차휴가는 시간 단위, 반차, 반반차로 사용할 수 있나?

근로기준법상 연차휴가는 1일 단위로 사용함이 원칙이나, 노사합의로 1일 미만 단위의 연차휴가를 사용할 수 있다.

일반적으로 '반차(반일 연차)'는 연차휴가 0.5일을 사용하는 것을 말하므로, 1일 소정근로시간이 8시간인 근로자의 경우 4시간을 연차휴가로 사용하면 된다. 단, 4시간당 30분의 휴게시간은 근로시간 도중 부여해야 한다. 반차의 기준은 다음과 같다.

1. 오전 반차는 09~14시(1시간 점심시간)
2. 오후 반차는 13시 30분~18시(30분 휴게시간 보장)

반차, 반반차, 시간 단위 휴가는 연차유급휴가를 쪼개서 개인휴가를 좀 더 유연하게 사용할 수 있도록 하는 제도다. 이 중 반반차는 개인 연차를 0.25일씩 4번 사용하면 하루 연차가 소진되는 방식으로 운영된다. 이같이 연차를 쪼개서 사용하는 경우는 오전에 병원 진료 후 출근, 갑자기 아이가 아플 때 등 연차 사용이 애매해 1~2시간 정도 일찍 퇴근이 필요한 경우 쉽게 사용할 수 있다. 특히 워라밸을 중요시하는 MZ 세대에게 특히 만족도 높은 사내 복지제도 중 하나로 꼽히고 있다.

이는 근로기준법에 명시되어 있는 내용은 아니다. 다만, 근로기준법에 연차유급휴가는 1일 단위로 규정하고 있으므로 연차를 나눠서 사용하려면 회사와 근로자 간에 합의하여 취업규칙 또는 단체협약 등에 명시할 수 있고, 상황에 따라 적용할 수 있다.

근로기준법 제60조는 연차휴가 발생일을 '일(日)' 단위로 규정하고 있고 앞서 연차휴가제도의 취지와 그 목적을 보아 '일(日)' 단위로 사용하는 것이 바람직할 것으로 판단되나, 고용노동부는 당사자 간 합의로 '일(日)'의 일부를 분할해 부여할 수 있다(근기 68207-934, 2003. 7.23.)는 입장과 연차휴가 부여 시 정당한 쟁의행위 기간에 대해 실무상으로도 시간 단위 연차 사용이 활발하게 이뤄지고 있는 것이 현실이라는 점을 인정해 연차휴가 비례산정 방법에 대해 근로기준법 제60조 제1항 및 제2항 모두 동일하게 적용해야 한다는 입장으로(임금 근로시간과-1736, 2021.8.4.) 시간 단위 사용도 가능하다고 보는 것이 타당할 것이다. 다만, 업무의 많고 적음에 따라 특정 시간대에만 사용할 수 있도록 강제하는 등 연차휴가제도의 취지에 어긋나는 제도 운영의 경우 연차휴가를 부여한 것으로 보기 어렵다(근로기준정책과-2431, 2017.4.7.).

이 같은 유연한 연차휴가 사용의 가장 큰 장점은 특히 어린 자녀를 양육하고 있는 근로자나 저녁 시간대 취미생활이나 자기 계발을 하는 근로자의 경우 유용하게 사용하면서 개인 상황에 맞춰 효율적으로 업무시간을 조정할 수 있다는 것이 특징이다. 이렇게 효율적으로 연차를 나누어 사용하면, 근로자는 회사 생활에 대한 만족감과 업무 몰입도를 높일 수 있고, 회사입장에서는 연차촉진의 효과를 볼 수 있는 장점이 있다.

반면, 가장 어려운 점은 근태관리일 수 있다. 출퇴근, 휴가 관리, 결재 등 전산 시스템이 잘 갖춰진 기업은 유연화된 연차 제도를 쉽게 도입할 수 있는 여건이지만, 담당자가 수작업으로 근태를 관리하는 기업은 출퇴근 기록이 누락되거나 오류가 빈번하게 발생할 수 있는 단점이 있다.

연차유급휴가는 근로기준법상 일 단위 사용이 원칙이다.

그러나 고용노동부 행정해석은 "당사자 간 합의로 일 단위의 연차휴가 일부를 분할해 부여할 수 있다."는 입장이다(근기 68207-934). 즉, 회사와 근로자 당사자 간 "합의"한다면 1시간 단위 연차휴가, 2시간 단위 연차휴가, 반차, 반반차 등 연차휴가를 분할 사용하는 것이 가능하다.

바꾸어 말하면, 근로자가 1시간 또는 2시간 단위로 연차휴가를 쪼개어 쓰고 싶어 할 경우 회사가 이에 대하여 합의만 해준다면 1시간 단위, 2시간 단위의 연차휴가 사용 또한 가능하다. 만일 인사 규정, 휴가 사용 규정 등 취업규칙상에 휴가 사용 단위가 1시간 단위로 규정되어 있는 경우라면 당연히 1시간 단위 연차휴가 신청 및 사용할 수 있다.

반면, 근로자가 1시간 또는 2시간 단위로 연차휴가를 쪼개어 쓰고 싶어 한다고 하더라도, 회사는 이에 대하여 합의하지 않을 수 있으며, 회사의 동의 없이는 1시간 단위, 2시간 단위의 연차휴가 사용이 불가능하다.

1년 이상 재직한 근로자가 중도에 퇴사하는 경우 연차휴가

∨

회사에서 1년 이상 재직한 근로자가 당해 연도에 중도 퇴직할 경우 당해 연도 퇴직연월일까지 근무한 일수에 대하여 연차휴가가 발생하는지? 여부에 대하여 2015년 5월 28일 헌법재판소에서는 판결을 내린 바 있다. 판결에서는 특히 1년 미만 입사자에게는 입사 당해 연도의 연차휴가는 인정하면서 1년 이상 재직한 근로자가 당해 연도에 중도 퇴직할 경우 당해 연도의 연차휴가를 미 부여가 헌법상 평등권에 침해되는지에 대해서 판결을 내렸다.

01 / 문제가 되는 법 규정

문제가 되는 법 규정(근로기준법 제60조(연차유급휴가))을 살펴보면 다음과 같다.

① 사용자는 1년간 80% 이상 출근한 근로자에게 15일의 유급휴가를 주어야 한다.

② 사용자는 계속하여 근로한 기간이 1년 미만인 근로자 또는 1년간 80% 미만 출근한 근로자에게 1개월 개근 시 1일의 유급휴가를 주어

야 한다.

02/ 관련 헌법재판소 재판 요지 및 내용

어떻게 보면 회계연도 1년을 기준으로 누구는 중도에 입사하여 입사한 기간에 비례하여 연차휴가를 인정받는, 반면 누구는 1년 이상 재직 중 중도 퇴직할 경우 퇴직하는 당해 연도 근속 개월 수만큼의 연차휴가를 인정받지 못하는 것에 대해 형평성에 위배 된다고 볼 수 있으나, 헌법재판소의 재판 결과에 따라 1년 미만자와 1년 이상자에 대한 연차휴가제도 입법 취지상 중도 퇴직자의 중도 퇴직 전 근로 제공 기간에 대하여 1개월 개근 시 1일의 연차휴가를 부여하지 않더라도 합리적인 이유가 있어 위법하지 않다고 보았다.

● 헌법재판소 2015-5-28. 2013헌마619 결정 입법부작위 위헌확인
1년 미만자에게는 연차휴가를 부여하고 1년 이상자 중 중도 퇴직 시 1년 미만 부분에 대해서 당해 연도 연차휴가를 부여하지 않는 것이 평등권을 침해하는지에 대해 계속근로기간 1년 이상인 근로자가 근로 연도 중도에 퇴직한 경우 중도 퇴직 전 1년 미만의 근로에 대하여 유급휴가를 보장하지 않는 것은 헌법의 권리, 평등권을 침해하지 않는다고 하였다.
근로기준법 제60조 제1항이 연차유급휴가를 계속근로기간 1년에 80% 이상 출근을 휴가 발생 단위 및 휴가 일수 산정 단위로 보장함에 따라, 그 대상에서 배제된 1년 미만 근로자를 배려하여 근로기간 1개월을 휴가 일수 산정 단위로 하는 형태의 휴가 제도를 마련한 것이다. 1년 미만의 근로라 하더라도 그것이 일정기간 계속되는 경우 휴양이 필요하다는 점을 감안한 입법이라 볼 수 있다.

간혹 입사 후 2년 차에 1년을 채우지 않고 퇴직하면서 1년 중 80% 이상을 근무하고 퇴직하니 15일의 연차가 발생했다고 생각하거나, 5개월을 근무한 경우 비례해서 5개월분의 연차를 주어야 한다고 생각하는 경향이 있다.

그러나 위의 헌법재판소 판결처럼 1년 이상 재직한 근로자가 중도에 퇴사하는 경우 아예 연차휴가가 발생하지 않는다는 점을 실무자는 인지하고 있어야 한다.

연차를 당겨썼는데, 퇴사하는 경우 업무처리

∨

01 / 연차휴가의 선부여

근로기준법상 연차휴가 선부여에 대해서는 정한 바가 없다. 즉 근로기준법에서는 연차휴가를 당겨쓸 수 있는지? 에 대해서는 정하지 않았다.

근로기준법상 연차휴가의 취지 차원에서도 회사가 아직 발생하지 않은 휴가를 미리 부여할 의무는 없다.

직원이 신청해도 회사가 허락하지 않아도 문제는 없다.

반면 허락하는 것도 회사의 재량이다.

그런데 선사용을 허락한 경우 문제 되는 경우는 연차를 미리 당겨썼다가 갑자기 퇴사하여 결과적으로 발생한 휴가보다 사용한 휴가가 더 많아 차이 나는 일수만큼 결근 처리해야 하는 경우다.

연차휴가를 선사용 후 근로자가 연차휴가 발생에 필요한 출근율을 채우지 못한 경우 또는 발생 전에 퇴직 등을 한 경우에는 사용자는 초과 부여된 연차휴가에 대한 임금을 환수할 수 있다.

임금은 전액 지급되어야 하는 것이 원칙이나(근로기준법 제43조), 공제의 시기가 초과 지급된 시기와 임금의 정산, 조정의 실질을 잃지 않을 만큼 합리적으로 밀접하고 금액과 방법을 미리예고하는 등 근로자의 경제생활 안정을 해할 염려가 없는 경우라면 회사가 초과 지급된 연차휴가일수에서 해당하는 수당을 근로자가 퇴직하여 받을 임금 및 퇴직금에서 공제하는 것은 가능하다.

갈등을 최소화하기 위해서는 연차휴가 선 부여 사용을 승인하는 경우라면 해당 직원과 상계동의서 양식을 써두거나 퇴직 등 연차휴가 수당 정산 시점에 연차휴가의 초과 사용의 경우 급여 또는 퇴직급여에서 공제 후 지급한다. 는 문구를 근로계약서 또는 취업규칙에 반영하는 것이 필요하다.

물론 해당 직원에게도 안내해 주어야 한다.

● **참고할 노동부 행정해석**

연차휴가를 근로자의 편의를 위해 미리 가불 형식으로 부여할 수 있다(노동부 행정해석 : 1980.10.23, 법무 811-27576).

[요지] 연차유급휴가 제도는 근로자의 피로에서 회복시켜 노동력의 유지 배양을 도모하는데, 그 목적이 있고 원칙적으로 동 청구권의 발생은 연차 청구 사유(만근, 계속근로) 등 발생 이후에 부여함이 원칙이나 사용자는 근로자의 요구와 편의를 위하여 연차휴가를 미리 가불 형식으로 부여할 수도 있다.

02/ 연차휴가의 선부여 절차

현재 가용 연차가 Zero인 직원이 휴가 사용을 원할 경우, 급여 공제 동의서를 받은 후 선사용을 허가해 준다. 급여 공제 동의서 내용에는 선사용 휴가를 사용하고 나서 발생 연차로 정리가 안 될 경우, 급여 또는 퇴직금에서 공제하는 것에 동의한다는 내용의 자필 서명을 받아 처리하면 문제가 없다. 미리 사용하는 직원은 늘 당겨쓰게 된다.

예를 들어 2025년 5월 8일에 입사하여 2026년 1월 2일에 퇴사하는 경우로 보면 재직 중 개근했을 경우 총 7일의 연차가 발생한다. 그런데 만약 이미 연차로 10일을 사용했다면, 발생한 연차휴가보다 초과 사용한 경우이므로 연차수당을 지급하는 것이 아닌, 오히려 초과 사용한 일수인 3일에 대해서 임금에서 차감하고 지급한다.

입사일 기준에서 회계연도 기준으로 변경하는 경우 연차휴가 계산

입사일에서 회계연도로 변경되는 시점에 비례 연차를 부여하고 다음 연도부터 회계연도 기준으로 연차를 부여하면 된다. 이 경우 비례 연차는 전환 시점의 입사일 기준 연차 일수에 대해 비례 연차를 부여해야 하지 무조건 15일에 대한 비례 연차를 계산하면 근로자에게 불이익할 수 있다.

예를 들어 입사일 기준으로 연차를 부여하면 전환 시점 연도에 17일이 해당하는 연도라면 17일을 기준으로 비례연차를 부여해야 한다.

기존 입사일을 기준으로 연차휴가를 부여하다가 2026년도부터 회계연도(1월 1일~12월 31일)를 기준으로 연차휴가를 부여하려고 하는 경우 근로자의 입사일을 기준으로 연차휴가를 부여하는 것보다 불리하지 않도록 해야 하는 것이 기준이 된다(원칙은 입사일 기준이므로 예외인 회계연도 기준이 원칙을 깨면 안 되는 것이기 때문에).

즉 2026년부터 회계연도 기준을 적용할 예정인 경우 입사일 기준 2026년 발생할 연차휴가일수를 기준으로 2025년에 비례연차일수를 계산한다.

예를 들어 2021년 9월 20일 입사자로 입사일 기준 2022년, 2023년 9월 20일에 15일, 2024, 2025년 9월 20일에 16일의 연차휴가가 발생한다. 그리고 2026년에 입사일 기준 17일의 연차휴가가 발생할 예정이다. 따라서 2025년 9월 20일~12월 31일 사이 기간에 대해 출근율 80% 이상인지? 여부를 따져 2026년 1월 1일에 연차휴가를 부여하되 103일에 대해 비례하여 연차휴가를 부여하면 될 것이다.

17일 × 103일(2025년 9월 20일~12월 31일 사이) ÷ 365일 = 4.79일(약 5일 2026년 1월 1일 부여)을 부여하면 된다.

소수점 이하는 올림 해서 연차휴가 5일을 부여하던가, 약 0.8일만큼 시급으로 산정해 연차수당으로 지급하면 된다. 임의로 버리면 근로자에게 불리하므로 안 된다.

> 비례 연차휴가 = ○○일 × 입사일부터 12월 31일까지의 연차휴가 ÷ 365
> ○○일은 적용하고자 하는 연도의 입사일 기준 연차일 수를 넣으면 된다.

2025년 9월 20일에 부여하는 연차휴가 16일은 2024년 9월 20일~2025년 9월 19일 사이 4년 차 연차휴가 산정기간의 출근율에 따라 발생한 것인 만큼 별개로 16일을 온전히 부여해야 한다.

그리고 2025년 9월 20일~12월 31일 사이 기간에 대해 연차휴가를 추가로 비례하여 부여하는 것이다.

결과적으로 2025년 12월 31일 현재 9월 20일 발생한 16일의 연차휴가와 2026년 회계연도 적용을 위해 발생시킨 휴가 약 5일을 합쳐 21일의 휴가가 생기며, 이를 2026년 1월 1일~12월 31일까지 사용할 수 있다.

그리고 2026년 1월 1일부터는 회계연도 기준을 적용해 5년 차 17일부터 연차휴가를 부여하면 된다. 즉, 2026년 1월 1일~12월 31일까지 소정근로일수의 80% 이상 출근 시 2027년 1월 1일에 17일의 연차휴가가 발생한다.

[2021년 9월 20일 입사자]

15일	16일	16일(❶)	회계기준 전환	17일
2023년 9월 20일	2024년 9월 20일	2025년 9월 20일	2025년 12월 31일	2026년 1월 1일
		비례 연차휴가 부여(16일) = 17일 × 103일 ÷ 365일 = 4.79일(❷)	회계연도 기준 = 16일 + 4.79일(❶ + ❷)	

회계연도 기준 적용시 비례 연차휴가를 계산해야 하는 시점

회계연도 기준으로 연차휴가 계산 시 입사연도 기준보다 불리하지 않도록 부여하는 방법(근기 68207-620, 회시 일자 : 2003-05-23)

고용노동부는 연차유급휴가는 입사일 기준으로 산정해야 함이 원칙이나, 노무관리의 편의상 단체협약, 취업규칙 등에 의하여 회계연도(1월 1일~12월 31일)를 기준으로 전 근로자에 대해 일률적으로 기산일을 정할 수 있지만, 근로자에게 불리하지 않아야 하므로 연도 중 입사자에 대해서는 기본휴가(15일)에 비례하여 다음 회계연도 초일에 연차유급휴가를 주어야 하며, 개별근로자의 입사일을 기준으로 산정한 연차유급휴가일수와 취업규칙 등에 따라 부여한 연차휴가일수를 비교하여 부족할 경우는 추가로 연차휴가를 부여해야 한다고 해석하고 있다〈근기68207-620, 2003.5.23.〉.

또한 고용노동부는 회계연도 기준으로 연차를 부여하고 있는 사업장에서 회계연도 기준으로 부여하는 연차휴가가 입사일 기준으로 부여하는 연차휴가일수보다 많은 경우 회계연도 기준으로 산정한 연차휴가를 적용해야 할 것으로 해석하고 있으며(근로기준과-5802, 2009.12.31., 임금근로시간정책팀-489, 2008.2.28. 참조), 다만, 이 경우 취업규칙에서 퇴직 시점에 입사일 기준으로 재산정한다는 별도의 단서가 없는 경우로 한정하고 있으므로 사업장 취업규칙 또는 근로계약서상 회계연도 기준으로 연차를 부여하되, 퇴사 시 입사일 기준으로 재산정한다는 별도의 규정이 있다면 입사일 기준으로 일괄정산은 가능하다(임금근로시간정책팀-489, 2008.2.28. 참조).

〈고용노동부 상담사례 :

https://www.moel.go.kr/minwon/fastcounsel/fastcounselView.do?inetDcssMngId=2024061 70254413880278〉

앞의 표 문장을 보면 <u>연도 중 입사자에 대해서는 기본휴가(15일)에 비례하여 다음 회계연도 초일에 연차유급휴가를 주어야 하며</u>라는 문장이 있다. 즉 회계연도 연차휴가 적용사업장은 입사연도에 비례휴가를 계산한 후 회계연도 초일에 연차유급휴가를 부여하도록 고용노동부 견해를 밝히고 있다. 이를 지적하는 이유는 간혹 오랫동안 회사가 관행적으로 입사연도가 아닌 입사 다음연도에 비례휴가를 계산하는 회사가 있다. 따라서 입사연도에 비례휴가를 계산한 후 회계연도 초일에 연차유급휴가를 부여하는 방식이 틀리고 자신의 회사가 맞다고 우기는 분들이 종종 있어, 이는 입사연도 기준보다 불리하지 않도록 부여하는 방법이 아니라고 해도 절대 인정하지 않고 결국 분쟁을 유발해서 이를 지적하기 위함이다.

예를 들어 2024년 입사자의 경우 2024년에 비례연차를 계산해 2025년 초일에 부여하는 것이지, 2025년에 비례연차를 계산해 2026년에 초일에 부여하는 것이 아니다.

연차유급휴가의 이월이란 당해 연도에 사용하지 못한 연차유급휴가를 '당사자 간 합의'를 통해 다음 해로 넘겨서 사용하는 것을 말한다.

연차유급휴가 이월사용을 사용자와 합의하면 2024년도에 사용할 수 있었던 연차유급휴가를 2025년도에 사용할 수 있다.

예를 들어 육아휴직 때문에 해당연도의 연차유급휴가를 사용하지 못한 경우에는 미사용한 연차유급휴가를 수당으로 정산하는 것이 원칙이다.

그러나 예외적으로 노사 합의에 따라 육아휴직 복귀 후 연차유급휴가를 사용할 수 있도록 사용을 이월하는 것이 가능하다. 다만, 근로자 또는 사용자 어느 일방이 이월에 동의 또는 합의하지 않는 경우는 다음 해로 이월이 불가능하고, 잔여 휴가에 대해 연차휴가 미사용 수당으로 지급해야 한다.

예를 들어 2019년 1월 1일에 입사하였기 때문에 2024년 1월 1일~2024년 12월 31일까지 총 16개의 연차유급휴가를 사용할 수 있다.

2024년 1월 1일~ 2024년 12월 31일까지 육아휴직 사용으로 인해 2024년도에 발생한 연차유급휴가를 사용하지 못한 경우 미사용수당으로 보상해주어야 한다.

연차휴가 미사용수당을 받는 대신에 2024년도에 사용할 수 있었던 연차유급휴가를 복직하는 2025년에 사용하고자 하는 경우 연차유급휴가 이월사용에 대한 노사의 합의가 필요하다. 노사가 합의만 한다면, 2025년에 발생하는 17개 연차유급휴가에 더하여 2024년에 사용할 수 있었던 16개의 연차유급휴가도 추가로 더 사용할 수 있다. 2025년도에 총 33개의 연차유급휴가를 사용할 수 있다.

연차유급휴가의 이월사용은 노사합의 하에 사용할 수 있는 제도이므로 근로자의 동의를 얻어야 이월사용이 가능하다. 근로자 의사에 반해 사용자가 일방적으로 이월사용을 강요할 수 없다.

연차유급휴가 이월사용에 대한 당사자 간의 합의는 이월사용에 대한 근로자의 동의서를 받거나 취업규칙 등에 명시하여 명확히 하여야 한다.

연차휴가 이월동의서를 작성하는 경우, 연차휴가 이월동의서에는 당사자 간 분쟁이 없도록 이월된 연차휴가일수, 이월 연차휴가 사용기간, 이월 연차를 모두 소진하지 못한 경우 정산 방법에 대해 명시하는 것이 바람직하다.

연차유급휴가 이월 사용 동의서

1. ○○주식회사(이하 '갑'이라 한다)와 근로자 OOO(이하 '을'이라 한다)는 을이 근로기준법 및 취업규칙에 의거하여 부여받은 20년도 연차유급휴가를 20 . . . 까지 이월 사용하는 것에 합의한다.

2. 제1항에도 불구하고 '을'이 연장된 사용기한까지 연차유급휴가를 사용하지 못하였을 경우 '갑'은 그 연차유급휴가에 대한 미사용수당을 '을'에게 지급한다. 다만, '갑'은 '을'이 제1항에 따라 이월 사용하기로 한 연차유급휴가에 대하여 특별한 사유 없이 사용하지 않고 있다고 판단할 경우는 임의로 특정한 날을 지정하여 연차휴가를 부여하고 '을'의 노무제공을 거부할 수 있으며, 이에 대하여 '을'은 이의 없이 '갑'의 연차휴가 부여를 수용하고 인정한다.

3. 제1항에 따라 이월된 연차유급휴가는 제1항에서 지정한 기한까지 사용하는 것을 원칙으로 하되, 부득이한 경우 '갑'과 '을'은 별도의 서면합의를 통해 그 기한을 연장할 수 있다. 단, 제2항 단서에 해당하는 경우는 그러하지 아니한다.

4. '갑'과 '을'은 이상과 같이 연차유급휴가의 이월사용에 관하여 자유의사에 따라 명확히 합의하였음을 확인하며, 향후 이에 대하여 일체의 법적 이의를 제기하지 아니한다.

※ 본 합의서는 2부를 작성하여 서명·날인 후 각 1부씩 보관한다.

20 . . .

OO주식회사 ＿＿＿＿ (인)   근로자 ＿＿＿＿ (인)

건강검진일을
연차휴가에서 차감할 수 있나?

원칙적으로 연차휴가의 시기 지정권은 근로자에게 있으며, 근로자는 휴가 시에는 사용자의 지휘·감독을 받지 아니한 채 근로자의 자유 의사로 그 시간을 사용할 수 있다. 따라서, 사용자가 연차휴가를 건강검진 날 쓰도록 시기를 지정할 수 없으며, 사용자의 강압으로 근로자가 연차휴가를 쓰게 된다고 할지라도 건강검진에 응하지 않는다고 그것을 사용자가 문제 삼을 수는 없다.

다시 말해, 산업안전보건법 제43조 제3항과 제72조 제5항 제2호에서는 근로자가 사업주가 실시하는 건강진단을 받지 않을 경우 과태료를 부과하도록 규정하고 있는데, 만약 사용자가 근로자에게 따로 건강검진 받을 시간을 부여하지 않은 채 연차를 쓰고 건강검진을 다녀오도록 하였으나, 근로자가 건강검진을 받으러 가지 않았을 경우 근로자의 책임은 없을 것으로 판단된다. 즉, 건강검진 소요 시간에 대하여 연차휴가를 사용하도록 강제할 수 없으며, 근로자가 연차휴가를 쓴다고 할지라도 건강검진을 받지 않을 시 이에 대해 근로자의 책임을 물을 수 없다. 근로자가 연차 사용에 불응하거나 연차 사용 시기에 건강검진을 하지 않아서 건강검진이 이뤄지지 않을 시에 사용자는 건강검진 미실시에 따른 과태료를 부과받게 된다.

연차휴가의 시기 지정권과 시기 변경권

근로자에게 연차휴가는 임금, 근로시간과 더불어 주요 근로조건 중 하나다.

근로자는 근로기준법에 의하여 자유롭게 연차휴가 사용시기를 정할 수 있는 권리를 가지는데 이를 시기 지정권이라고 한다. 반면에 회사에게는 직원이 신청한 날에 연차휴가를 주는 것이 사업 운영에 막대한 지장이 있는 경우에는 그 시기를 변경할 수 있는데 이를 법에서는 시기변경권이라고 한다. 단, 시기변경권을 행사하기 위해서는 반드시 사업운영에 막대한 지장이 있는 경우라는 요건을 충족해야 한다.

01 / 근로자의 연차유급휴가 사용 시기 지정권

근로자가 연차유급휴가를 본인이 그 사용을 희망한 때에 사용할 수 있다. 이를 연차유급휴가의 시기 지정권 행사라고 한다.

그러나 연차유급휴가의 시기 지정권은 어떤 휴가를 언제부터 언제까지 사용할 것인지에 관하여 특정해야 한다. 즉, 사용자에게 연차유급휴가의 사용을 청구하였으나 사용 시기와 사용 일수 등에 관하여 특정하지 않았다면 시기 지정권이 유효하게 행사된 것으로 볼 수 없다. 이 경우에는 사용자가 해당 근로자가 언제, 얼마 동안 연차유급휴가를 사용할 것인지를 알 수 없으므로 시기 변경권의 행사도 별도로 요구되지 않는다(대법 96누4220, 1997. 3. 28.). 따라서 적어도 근로자가 유효하게 시기 지정권을 행사한 경우 사용자의 시기 변경권 행사도 의미가 있다.

02 / 연차휴가 사용 시기 변경권

↗ 사업 운영에 막대한 지장이 있을 것

사용자는 근로자가 청구한 시기에 휴가를 주는 것이 사업 운영에 막대한 지장이 있는 경우에는 그 시기를 변경할 수 있다. 여기에서 막대한 지장이란 단순히 해당 근로자의 휴가 사용에 따른 업무공백 발생, 인원의 부족 등의 사유 정도로는 인정되지 않으며, 상당한 정도의 영업상 불이익이 발생할 수 있어야 한다.

사업 운영에 막대한 지장이 있는지? 여부는 근로자가 지정한 시기에 휴가를 준다면 그 사업장의 업무 능률이나 성과가 평상시보다 현저하게 저하되어 상당한 영업상의 불이익을 가져올 것이 염려되거나 그러한 개연성이 엿보이는 사정이 있는 경우를 말한다. 이를 판단할 때는 근로자가 담당하는 업무의 성질, 남은 근로자들의 업무량, 사용자의 대체 근로자 확보 여부, 다른 근로자들의 연차휴가 신청 여부 등을 종합적으로 고려하여야 한다(서울고법 2018누57171, 2019. 4. 4.). 즉, 단순히 근로자가 연차유급휴가를 사용함으로써 인력이 감소

되어 연차유급휴가를 사용하지 않고 남아 있는 근로자들의 업무량이 상대적으로 많아진다는 일반적인 가능성만으로는 사용자의 연차유급휴가 시기 변경권 행사의 적법성이 인정되지 않는다.

↗ 휴가 사용의 사유가 시기변경권 행사의 적법성 인정 근거

근로기준법은 근로자의 연차유급휴가 사용권만을 인정하고 있을 뿐, 연차유급휴가를 어떠한 사유로 사용해야 하는지? 여부는 구체적으로 규정하고 있지 않다. 따라서 연차유급휴가를 사용하는 근로자의 동기는 연차유급휴가의 시기 변경권 행사의 적법성 여부를 판단할 근거가 되지 않는다.

예를 들어, 근로자들이 휴가 중에 쟁의행위에 참가하고자 연차유급휴가를 신청한 예에서도 그와 같은 집단 연차유급휴가 사용이 위법한 쟁의행위에 해당한다는 등의 특별한 사정이 없는 이상 쟁의행위에 참가하고자 연차유급휴가의 사용을 신청한 것만으로는 연차유급휴가의 시기 지정권이 위법하게 행사된 것으로 볼 수 없다고 판단한 사례가 있다(서울행정법원 2012구합2634, 2012.8.23.). 이 경우에는 사용자가 사업 운영에 막대한 지장이 발생한다는 점을 입증하지 않는 이상 시기 변경권을 행사하였다고 하더라도 적법성을 인정하기 어렵다. 다만, 필수공익사업의 필수 유지 업무에 종사하는 근로자의 경우에는 쟁의행위 참가를 목적으로 한 연차유급휴가 사용 시 사용자의 시기 변경권 행사가 보다 넓게 인정될 수 있다. 이 경우 근로자가 사용자의 시기 변경권 행사에도 불구하고 본인이 지정한 시기에 연차유급휴가를 사용하였다면 무단결근으로 처리될 수 있고, 이에 따라 징계처분을 하는 것도 가능하다.

↗ 시기 변경에 따라 연차유급휴가를 사용할 수 있을 것

사용자의 시기 변경권은 말 그대로 근로자가 지정한 휴가의 사용 시기를 변경하는 것일 뿐이므로 근로자가 시기 변경권 행사에 따라 변경된 시기에 연차유급휴가를 사용할 수 있어야 한다. 이러한 맥락에서 사용자가 시기 변경권을 행사하여 근로자가 아예 휴가를 사용하지 못하도록 한 경우에는 근로기준법 위반 소지가 있다(근기 68207-2062, 2001.6.28.).

↗ 시기 변경권 행사의 적법성 입증 책임

연차유급휴가 사용 시기 변경권 행사의 요건인 "사업 운영에 막대한 지장"이 있는지? 여부를 입증할 책임은 사용자에게 있다. 왜냐하면 사용자에게는 연차휴가에 따른 근로자의 결원을 예상하고 대체 근무자를 충분히 확보해야 할 의무가 있기 때문이다.

단순히 직원의 연차휴가 실시에 따른 결원이나 공백의 발생이 사업 운영에 막대한 지장이 있다고 보기는 힘들다.

↗ 적법한 시기변경권 행사의 효과

사용자의 연차유급휴가 시기 변경권이 적법하게 행사된 경우는 근로자는 사용자의 시기 변경권 행사를 따라야 하며, 사용자의 시기 변경권 행사에도 불구하고 원래 본인이 지정한 시기에 연차유급휴가를 사용한다면 이는 무단결근으로 처리하는 것도 가능하다.

연차휴가의 대체제도

연차휴가 대체제도는 징검다리 휴일을 연휴로 하거나 추석, 설날 등 명절을 전후하여 취업규칙에 정한 휴가일에 며칠을 더 추가하여 쉬게 할 경우나 특히 주문량이 갑자기 줄어들거나 생산설비의 고장 등으로 휴업을 해야 할 상황에 놓인 경우 유용하게 활용될 수 있는 제도다.

근로자 대표와 서면합의에 따라 소정근로일을 특정하여 휴무한 경우 그 휴무일수 만큼 연차유급휴가를 부여한 것으로 되어 사용자는 임금지급의무를 면제받는다.

여기서 사용자와 서면합의 할 수 있는 근로자 대표는 '그 사업 또는 사업장에 근로자 과반수로 조직된 노동조합이 있는 경우에는 그 노동조합, 근로자의 과반수로 조직된 노동조합이 없는 경우에는 근로자의 과반수를 대표하는 자'를 말한다. 따라서 유급휴가의 대체를 도입하면서 근로자 대표와의 서면합의가 아닌 근로자 과반수의 개별적 서면동의를 받는 경우는 법적 요건을 충족하지 못한 것으로 봐(근로조건지도과-1167, 2008.4.29.) 연차휴가의 대체는 유효하지 않다.

근로자 대표 선정 동의서

_____사원은 근로기준법 제51조 내지 제51조의 2(탄력적근로시간제), 제52조(선택적근로시간제), 제55조(휴일) 제2항 및 제57조(보상휴가제)를 실시하는 데 있어, 다음 사람을 근로자 대표로 선정하는 바입니다.

– 근로자 대표 선정 –

성 명	
생년월일	
주 소	

– 근로자 확인 –

연번	성명	주민등록번호	서명 또는 날인
1			
2			
3			
4			
5			
6			
7			
8			
9			

연차휴가 대체 사용 합의서

사업체명 : ㈜OOO

주　　소 :

대　　표 :

근로자 대표 :

생년월일 :

주　　소 :

연 락 처 :

　　근로자 대표(　　　　　)는 근로기준법 제62조에 의하여 관공서 공휴일과 하계휴가일을 연차유급휴가로 대체함에 이의가 없으므로 이에 서면으로 합의합니다.

년　　월　　일

㈜OOO 대표　　　　(서명 또는 날인)

근로자 대표　　　　(서명 또는 날인)

㈜OOO 대표 귀하

연차휴가는 반드시 결재받고 사용해야 하나?

근로자가 휴가원을 제출하는 것으로 연차휴가 신청은 완료되는 것이므로 사용자가 이에 대해 정당한 시기 변경권을 행사하지 않는 한 근로자는 해당 일에 연차휴가를 사용할 수 있다.

그러나, 근로계약, 취업규칙 등으로 연차휴가의 신청 절차가 규정되어 있고, 근로자가 이를 준수하지 않은 상태에서 연차휴가를 신청한 것이라면 근로자의 시기 지정권은 정당하다고 볼 수 없다.

따라서 취업규칙 등에서 연차휴가를 신청할 때는 부서장의 결재를 받도록 정하고 있는데 이러한 결재를 득하지 않고 신청한 경우 무단결근으로 처리할 수 있다. 또한 1개월 전 또는 1주일 전 신청서를 작성하여 부서장의 결재를 받도록 정하고 있는데 휴가일 전날에서야 신청한 경우, 만약 해당 날에 출근하지 않았다면 무단결근으로 처리할 수 있고 이를 이유로 징계할 수도 있다(서울행판 20145.3.20, 2013구합55406).

(연차)휴가 신청서

소　속	
성　명	
직　위	

상기 본인은 아래와 같이 휴가를 신청하오니 허락하여주시기 바랍니다.

휴가내역	연차	월차	특별	기타 (　　)
휴가사유				
휴가기간	년　　월　　일부터 년　　월　　일까지			일간
신 청 인				인
신 청 일	년　　월　　일			

상기 내용을 정확하게 기입하십시오. 정확하게 미기입 시 추후에 불이익을 당할 수 있으니 주의 바랍니다.

담　당	이사	대표	

[회사명] 연차휴가 반려 통보

수신 : [직원명]님 ([부서명])
발신 : [담당자명] ([부서명])

날짜 : 2025년 4월 15일

귀하께서 신청하신 2025년 4월 20일부터 2025년 4월 22일까지의 연차휴가는 현재 업무 상황으로 인해 반려하게 되었습니다.

[반려 사유]
승인 또는 반려 여부를 명확하게 표기하고, 반려 시에는 그 사유를 구체적으로 설명한다.

다른 기간으로 연차휴가를 재신청해주시기 바랍니다.
불편을 드려서 죄송합니다.

[담당자명] 드림

제4장

연차휴가사용촉진과
연차수당 및 퇴직 정산

퇴사자의 연차휴가 퇴직 정산

01 / 연차휴가의 퇴직 정산

연차휴가는 입사일 기준이 원칙이므로 퇴직 시점에서 총 휴가일수가 근로자의 입사일을 기준으로 산정한 휴가 일수에 미달하는 경우는 그 미달하는 일수에 대하여 연차유급휴가 미사용 수당으로 정산하여 지급해야 한다(근로기준과-5802, 2009.12.31.).

반면 입사일 기준보다 회계연도 기준으로 계산한 연차휴가일 수가 많은 경우는 회사 규정상 무조건 입사일 기준으로 계산한다는 별도 규정이 없으면 유리한 조건 우선 원칙에 따라 회계연도 기준을 적용한다.

결국은 회사 규정상 별도 규정이 없으면 입사일 기준과 회계연도 기준 중 근로자에게 유리한 연차휴가를 부여한다.

> 퇴사 시 연차휴가 일수 정산 =
> 많은 일수 Max(회계연도 기준 연차휴가 일수, 입사일 기준 연차휴가 일수)
> 다만 회사 규정에서 반드시 입사일 기준으로 정산하도록 하고 있다면 많은 일수가 아닌 입사일 기준일수가 적어도 무조건 입사일 기준일 수로 정산해야 한다.

구 분	연차휴가 정산
회계연도 기준으로 부여한 연차휴가가 입사일 기준보다 적은 경우	입사일 기준으로 정산한 후 부족한 연차휴가 일수에 대해 연차수당을 지급해야 한다.
회계연도 기준으로 부여한 연차휴가가 입사일 기준보다 많은 경우	사용자가 취업규칙 등에 연차휴가에 대한 재산정 규정 또는 재정산 후 삭감할 수 있다는 취지의 규정을 두고 있지 않다면, 근로기준법 제3조에 따라 근로자에게 유리한 연차휴가를 부여해 주어야 한다. 따라서 더 부여한 연차휴가를 삭감할 수도, 그에 대한 임금을 차감할 수도 없다. 물론 규정이 있는 경우에는 급여에서 차감할 수 있다.

사례 1. 회계연도 기준 연차휴가의 계산

2024년 7월 1일 입사자의 경우 회계연도 기준으로 연차휴가를 부여하고자 할 때 2024년과 2025년 부여해야 할 연차휴가 일수는?

해설

1. 입사 연도의 연차휴가 일수 = 입사일부터 1년간 1월 개근 시 1일씩 발생하는 휴가일 수 + 다음 회계연도에 발생하는 연차휴가 일수(15일 × 근속기간 총일수 ÷ 365)에 따른 비례 연차

구분	계산 기간	연차휴가	계산식
입사연도 (2024년)	월차 성격의 연차 (1년 미만자 휴가)	5일(1-❶)	8월, 9월, 10월, 11월, 12월 1일 (2024년 사용 또는 2025년 사용)
2024년 12월 31일부여		5일	2024년 월차

구분	계산 기간	연차휴가	계산식
연 차 비례휴가	2024.7.1~12.31 (연차 비례 휴가)	7.5일(1-❷)	15일 × 입사 연도 재직일 ÷ 365일 = 15일 ×184일 ÷ 365일
2025년 1월 1일부여		7.5일	8일 부여하면 문제없음(비례 휴가)

2025년 1월 1일까지 총 12.5일의 연차가 발생하며, 1년 미만자 연차휴가((1-❶)는 노사합의가 없는 경우 2025년 6월 30일까지 사용할 수 있다. 반면 연차 비례 휴가 (1-❷)는 2025년 1월 1일에 부여받아 2025년 12월 31일까지 사용할 수 있다.

☒ 연차휴가일수가 소수점 이하로 발생할 경우, 잔여 소수점 이하에 대하여는 수당으로 계산 지급하는 것도 가능하나 가급적 근로자에게 불이익이 없도록 노사합의로 1일의 휴가를 부여해야 할 것이다(근기 01254-11575, 1989.8.7.).

2. 입사 다음연도의 연차휴가 일수 = (11 - 입사 연도에 발생한 월차 개념의 연차휴가 일수) + 15일

구분	계산 기간	연차휴가	계산식
입 사 다음연도 (2025년)	월차 성격의 연차 2025.1.1~6.1 (1년 미만자 휴가)	6일(2-❶) (11일 - 5일)	11일 - 입사연도 월 단위 연차휴가 (2024년 12월 31일까지 5일). 1년 미만의 월 단위 연차는 끝
2025년 6월 1일부여 및 사용		6일(2-❷)	남은 월차
연차휴가	2025.1.1~12.31	15일(2-❸)	입사 2년 차 연차휴가
2026년 1월 1일부여		15일	2025년 연차

2025년 6월 30일까지 사용할 수 있는 연차휴가는 6일(2-❶) + 앞서 설명한 1의 5일 (1-❶) 총 11일이고, 2025년 12월 31일까지 사용할 수 있는 휴가는 앞서 설명한 1의 7.5일이다. 2026년 발생해서 총사용할 수 있는 연차는 15일이다. 단, 1년 미만자 연차휴가는 노사합의가 없는 경우 2025년 6월 30일까지 사용할 수 있다.

3. 입사 다음다음 연도의 연차휴가 일수 = 15일

2026년 1월 1일과 2027년 1월 1일 15일, 2028년 1월 1일과 2029년 1월 1일 16일, 2030년과 1월 1일과 2031년 1월 1일은 17일…의 연차휴가가 발생한다.

사례 2. 연차휴가의 퇴직 정산

직원이 2022년 7월 1일 입사해서 회계연도 기준으로 연차휴가를 부여하다가 2025년 7월 10일 퇴직을 한 경우

해설

1년 미만 연차를 제외한 1년 이상 근로의 총 연차를 회계연도 기준으로 계산해보면 다음과 같다.

1. 회계연도 단위 기준으로 계산한 연차휴가 일수

계산 기간	연차발생일	연차휴가	산정식
2022년 7월 1일~12월 31일	2023년 1월 1일	7.5일	8일부여
2023년 1월 1일~12월 31일	2024년 1월 1일	15일	기준연도 1년
2024년 1월 1일~12월 31일	2025년 1월 1일	15일	기준연도 2년
2025년 1월 1일~ 7월 10일	퇴사(1년을 채우지 못함)	0일	부여 안 함

2. 입사일 기준으로 계산한 연차휴가 일수

위와 같이 회계연도 단위 기준으로 계산한 연차는 아래의 입사일 기준으로 계산한 연차보다 적으면 안 되므로 입사일 기준으로 연차휴가를 계산하면 다음과 같다.

계산 기간	연차휴가	비 고
2022년 7월 1일~2023년 6월 30일	15일	

계산 기간	연차휴가	비 고
2023년 7월 1일~2024년 6월 30일	15일	
2024년 7월 1일~2025년 6월 30일	16일	
2025년 7월 1일~ 2025년 7월 10일	0일	퇴사(1년을 채우지 못함)

3. 결과

> 연차휴가 일수 정산 = 57일
> 많은 일수 Max(회계연도 기준 연차휴가 일수, 입사일 기준 연차휴가 일수)
> = Max(49일(11일 + 8 + 15 + 15), 57일(11 + 15 + 15 + 16)) = 57일
> 11일은 월 단위 연차휴가일 수다.

(02 / 월 단위 연차휴가 입사 연도별 차이)

임직원 중 2017년 5월 29일까지 입사자가 있는 경우 연차휴가의 계산 방법이 현재와 다를 수 있으나 2017년 5월 30일 입사자부터는 연차휴가의 계산 방법이 현재와 같으므로 앞서 설명한 방법으로 계산하면 된다.

↗ 2017년 5월 29일까지 입사자

2017년 5월 29일까지 입사자는 월 단위 연차휴가와 연 단위 연차휴가를 합산해 1년간 총 15일 발생한다. 즉 1년 미만의 근로자가 연차휴가를 사용한 경우 2년차 연차휴가에서 삭감되었다. 현행은 1년이 되는 시점에 11일 + 15일로 총 26일이 발생하는 반면 2017년 5월 29일까지 입사자는 15일만 발생한다.

예를 들어 1년이 되는 시점까지 4일의 휴가를 사용하였을 때 1년이 되는 시점에 정산은 현행은 26일 − 4일 = 22일인 반면, 2017년 5월 29일까지 입사자까지는 15일 − 4일 = 11일이 정산된다.

↗ 2017년 5월 30일 입사자~2020년 3월 30일까지 발생분

2017년 5월 30일 입사자~2020년 3월 30일까지 발생분은 1년이 되는 시점에 1년 미만 기간동안 발생한 1개월당 1일의 월 단위 연차휴가 11일에 1년 근무 시 발생하는 15일의 연차휴가를 합산하여 총 26일분의 연차휴가가 발생한다. 결론은 입사일로부터 1년이 되는 시점에 총 26일의 연차휴가가 발생한다.

예를 들어 1년이 되는 시점까지 4일의 휴가를 사용하였을 때 입사 연도의 다음 연도에 11일 − 4일 = 7일과 15일을 합한 22일의 휴가를 1년간 사용할 수 있다.

구 분	2017년 5월 29일 입사자까지	2017년 5월 30일 입사자부터
1년 차(1년 미만 분) 연차	11일 발생(❶)	11일 발생(❶)
2년 차(1년이 된 시점) 연차	2018년 5월 29일 15일 발생(❷)	2018년 5월 30일 15일 발생(❷)
1년 + 1일의 최종 연차차이	❶ + ❷ 총 15일 − 1년 동안 사용한 연차	❶ + ❷ 총 26일 − 1년 동안 사용한 연차
연차일 수	2019년 5월 29일 15개 2020년 5월 29일 16개	2019년 5월 30일 15개 2020년 5월 30일 16개

구 분	2017년 5월 29일 입사자까지	2017년 5월 30일 입사자부터
사례	❶ 1년간 계약직으로 근로하고 퇴사하는 직원이 입사 후 1년간 5일의 연차를 사용한 경우 연차수당 지급액 = 11일 - 5일 = 6일	
	❷ 1년 + 1일 근무 후 퇴직(연차 5일 사용)한 경우	
	15일 - 5일 = 10일	26일 - 5일 = 21일

↗ 2020년 3월 31일부터 발생분(3월 1일 입사자부터)

연차휴가의 발생은 앞서 설명한 2017년 5월 30일 입사자~2020년 3월 30일까지 발생분의 연차휴가 발생과 같다. 단, 발생한 월 단위 연차휴가의 사용 시기에 차이가 있다.

구 분	월 단위 연차휴가의 발생 및 사용
2020년 3월 30일까지 발생분	발생일 기준으로 발생일로부터 순차적으로 1년간 사용할 수 있다. 예를 들어 2020년 1월 1일 입사자의 경우 2020년 2월 1일 발생분은 2021년 1월 31일까지 2020년 3월 1일 발생분은 2021년 2월 말일까지 사용할 수 있다.
2020년 3월 31일부터 발생분(현행은 모두 이 기준 적용)	발생은 2020년 3월 30일까지 발생분과 같다. 단, 2020년 3월 31일 발생분부터는 발생일로부터 1년이 아닌 입사일로부터 1년 안에 모두 사용해야 한다. 따라서 2020년 3월 1일 입사자를 기준으로 보면 4월 1일~다음 연도 2월 1일까지 총 11일의 연차휴가가 발생할 것이고 이를 2021년 2월 말일까지 모두 사용해야 한다.

구 분	월 단위 연차휴가의 발생 및 사용
	결과적으로 발생방식은 종전과 같으나 사용이 입사일 기준으로 1년이다. 예를 들어 2020년 1월 1일 입사자의 경우 2020년 2월 1일 발생분은 2021년 1월 31일까지 사용할 수 있고 2020년 3월 1일 발생분은 2021년 2월 말일까지 사용할 수 있다. 2020년 4월 1일 발생분부터는 2020년 3월 31일 이후 발생분으로써 입사일로부터 1년 안에 모두 사용해야 하므로 2020년 12월 31일까지 사용해야 한다. 즉, 2020년 4월 1일 발생 분부터(9일)는 입사일로부터 1년인 2020년 12월 31일까지 모두 사용해야 한다. 물론 2021년 1월 1일 입사자의 경우 총 11일을 2021년 12월 31일까지 사용한다. 결국 입사 연도에 발생하는 월 단위 연차 11일은 해당 연도에 모두 사용해야 하고, 입사 다음 연도에는 연 단위 연차 15일만 사용할 수 있다.

1. 2020년 1월 1일 입사자로서 3월 30일까지 발생분 연차 사용

2월 1일, 3월 1일, 4월 1일......12월 1일 : 총 11일

이 중 2020년 3월 31일 이전 발생분은 2월 1일, 3월 1일 총 2일

이 중 2020년 3월 31일 이후 발생분은 11일 – 2일 = 9일

[사용 시기]

2020년 3월 31일 이전 발생분은 2021년 1월 말일, 2월 말일까지 각각 순차적 사용

2020년 3월 31일 이후 발생분 9일은 입사일로부터 1년인 2020년 12월 31일까지 모두 사용한다.

2. 2020년 3월 1일 입사자(2020년 3월 31일 발생분)부터 연차 사용

1달 개근 시 1일의 연차휴가가 발생해 총 발생하는 11개의 연차를 2020년 3월 1일부터 1년간인 2021년 2월 28일(29일)까지 사용한다.

입사일	발생일	사용기한
2020년 3월 1일	2020년 4월 1일~2021년 2월 1일	2021년 2월 28일
2021년 2월 20일	2021년 3월 20일~2022년 1월 20일	2022년 2월 19일
2022년 10월 2일	2022년 11월 2일~2023년 9월 2일	2023년 10월 1일

03 / 입사일 차이에 따른 연차휴가의 퇴직 정산

1월 1일 입사하든 연도 중에 입사하든 입사일로부터 **딱 1년이 되는 날까지 매달 개근 시 1달 + 1일, 2달 + 1일, 3달 + 1일......해서 총 11일의 월차개념의 연차가 무조건 발생한다.**
그리고 딱 1년이 되는 날까지 출근율 80% 이상인 경우 1년 + 1일에 15일의 연 단위 연차가 부여된다(입사일과 같은 날까지 근무).
딱 1년 + 1일이 되는 날은 입사일의 다음 연도 같은 날짜이다.
예를 들어 2024년 4월 1일 입사자의 경우 2025년 4월 1일이 딱 1년 + 1일이 되는 날이고, 해당일까지 근로관계를 유지하면 총 15개가 연차휴가가 발생한다(그날이 일요일이라도 그날이다.).

↗ 2017년 5월 29일 입사자까지 연차휴가 정산

❶ 딱 1년이 되는 날 발생하는 연차 15일에서 입사일부터 딱 1년이되는 날까지 사용한 일수만큼을 차감

❷ 예를 들어 2016년 5월 28일 입사자는 2017년 5월 28일 15일의연차휴가가 발생하는데, 2016년 7월과 8월에 2일의 연차를 사용한경우 2017년 5월 28일 15일의 연차에서 2일을 차감한다.

❸ 2017년 5월 28일 15일 − 2일 = 13일이 발생한다.

❹ 2018년 5월 28일 = 15일

❺ 2019년 5월 28일과 2020년 5월 28일 = 16일

❻ 2021년 5월 28일과 2022년 5월 28일 = 17일

❼ 2023년 5월 28일과 2024년 5월 28일 = 18일

입사일 기준 계산 결과	노동자의 입사일을 기준으로 계산합니다. (근로기준법에 따른 원칙)			회계일 기준 계산 결과	회사의 회계기준일(1.1)로 계산.(판례·노동부 행정해석에 따라 가능)		
근속	휴가 발생일	휴가수	미사용시 수당 발생일	근속	휴가 발생일	휴가수	미사용시 수당 발생일
1년 미만	2016. 6. 28. ~ 2017. 4. 28. 매월 28일 (1개씩)	2일	*1년미만 휴가(11일) 미사용시, 전체 휴가일수(4일)에 추가됨(예 : 1년미만 기간 중 2일 사용하면, 2017. 5. 28 발생 휴가는 13일) 2018. 5. 28.	입사년 (월차)	2016. 6. 28. ~ 12. 28. 매월 28일 (1개씩)	7일	매월 휴가발생일로부터 1년이 지난 다음날
1년	입사 1년째인 2017. 5. 28.	13일		2년차 (연차)	2017. 1. 1.	1.9일	2018. 1. 1. (참고) 1.9일=((입사년 재직일218일+366일)×15일)-7일
2년	입사 2년째인 2018. 5. 28.	15일	2019. 5. 28.	2년차 (월차)	2017. 1. 28.~4. 28. 매월 28일 (1개씩)	4일	매월 휴가발생일로부터 1년이 지난 다음날
3년	입사 3년째인 2019. 5. 28.	16일	2020. 5. 28.	3년차	2018. 1. 1.	11일	2019. 1. 1. (참고) 11.0일=15일-4일
4년	입사 4년째인 2020. 5. 28.	16일	2021. 5. 28.	4년차	2019. 1. 1.	15일	2020. 1. 1.
5년	입사 5년째인 2021. 5. 28.	17일	2022. 5. 28.	5년차	2020. 1. 1.	16일	2021. 1. 1.
6년	입사 6년째인 2022. 5. 28.	17일	2023. 5. 28.	6년차	2021. 1. 1.	16일	2022. 1. 1.
7년	입사 7년째인 2023. 5. 28.	18일	2024. 5. 28.	7년차	2022. 1. 1.	17일	2023. 1. 1.
8년	입사 8년째인 2024. 5. 28.	18일	2025. 5. 28.	8년차	2023. 1. 1.	17일	2024. 1. 1.
9년	입사 9년째인 2025. 5. 28.	0일	2026. 5. 28.	9년차	2024. 1. 1.	18일	2025. 1. 1.

[주] 월차는 사용 촉진 제도가 없고, 연차는 사용 촉진 제도가 있어 합법적인 사용 촉진을 한 경우 연차휴가는 소멸하므로 이를 차감하고 정산한다.

↗ 2017년 5월 30일 입사자부터 연차휴가 정산

❶ 2017년 5월 29일 입사자까지 연차 정산과 달리 딱 1년이 되는 날 발생하는 연차 15일에서 사용한 월차 일수만큼을 차감하지 않는다.

❷ 입사 연도 월차 11일과 딱 1년이 되는 날 발생하는 15일의 휴가를 합해 딱 1년이 되는 시점에 최대 26일의 연차휴가가 발생한다.

❸ 딱 1년 + 1일을 채우고 퇴사하는 경우 26일 치의 연차수당이 발

생한다.

예를 들어 2017년 5월 30일 입사를 한 경우

❹ 2018년 5월 30일 = 11일 + 15일 = 26일

❺ 2019년 5월 30일 = 15일

❻ 2020년 5월 30일과 2021년 5월 30일 = 16일

❼ 2022년 5월 30일과 2023년 5월 30일 = 17일

❽ 2024년 5월 30일 = 18일

입사일 기준 계산 결과	노동자의 입사일을 기준으로 계산합니다. (근로기준법에 따른 원칙)			회계일 기준 계산 결과	회사의 회계기준일(1.1)로 계산.(판례·노동부 행정해석에 따라 가능)		
근속	휴가 발생일	휴가수	미사용시 수당 발생일	근속	휴가 발생일	유가수	미사용시 수당 발생일
1년 미만	2017. 6. 30.~2018. 4. 30. 매월 30일(1개씩)	11일	입사후 1년이 된 다음날 2018. 5. 30.	입사년 (월차)	2017. 6. 30.~ 12. 30. 매월 30일 (1개씩)	7일	입사후 1년이 된 다음날 2018. 5. 30.
1년	입사 1년째인 2018. 5. 30.	15일	2019. 5. 30.	2년차 (연차)	2018. 1. 1.	8.9일	2019. 1. 1. (참고) 8.9일=(입사년 재직일 216일÷365일)×15일
2년	입사 2년째인 2019. 5. 30.	15일	2020. 5. 30.	2년차 (월차)	2018. 1. 30.~4. 30. 매월 30일 (1개씩)	4일	입사후 1년이 된 다음날 2018. 5. 30.
3년	입사 3년째인 2020. 5. 30.	16일	2021. 5. 30.	3년	2019. 1. 1.	15일	2020. 1. 1.
4년	입사 4년째인 2021. 5. 30.	16일	2022. 5. 30.	4년	2020. 1. 1.	15일	2021. 1. 1.
5년	입사 5년째인 2022. 5. 30.	17일	2023. 5. 30.	5년	2021. 1. 1.	16일	2022. 1. 1.
6년	입사 6년째인 2023. 5. 30.	17일	2024. 5. 30.	6년	2022. 1. 1.	16일	2023. 1. 1.
7년	입사 7년째인 2024. 5. 30.	18일	2025. 5. 30.	7년	2023. 1. 1.	17일	2024. 1. 1.
8년	입사 8년째인 2025. 5. 30.	0일	2026. 5. 30.	8년	2024. 1. 1.	17일	2025. 1. 1.
9년	입사 9년째인 2026. 5. 30.	0일	2027. 5. 30.	9년	2025. 1. 1.	0일	2026. 1. 1.

[주] 월차는 사용 촉진 제도가 없고, 연차는 사용 촉진 제도가 있어 합법적인 사용 촉진을 한 경우 연차휴가는 소멸하므로 이를 차감하고 정산한다.

↗ 2020년 3월 31일 발생분부터 연차휴가 정산

앞서 설명한 2017년 5월 30일 입사자부터 연차휴가 정산과 방법은 같지만 차이는 1년 미만 월차 분에 대해서도 연차휴가사용촉진 제도

가 도입되어 합법적인 연차휴가 사용촉진을 한 경우 연차수당을 지급하지 않아도 된다.

❶ 2017년 5월 30일 입사자 연차휴가 정산방식과 같다.

❷ 2017년 5월 30일 입사자 연차휴가 정산방식과 차이는 월차 분에 대한 연차휴가 사용촉진이 가능해 합법적인 연차휴가 사용촉진을 한 경우 월차휴가가 소멸한다. 결국 딱 1년 + 1일이 되는 날 15일의 연차휴가만 남는다.

예를 들어 2020년 3월 31일 입사를 한 경우

❸ 2021년 3월 31일 = 11일 + 15일 = 26일

❹ 2022년 3월 31일 = 15일

❺ 2023년 3월 31일과 2024년 3월 31일 = 16일

입사일 기준 계산 결과 — 노동자의 입사일을 기준으로 계산합니다. (근로기준법에 따른 원칙)

근속	휴가 발생일	휴가수	미사용시 수당 발생일
1년 미만	2020. 4. 31.~2021. 2. 28. 매월 31일(1개씩)	11일	입사후 1년이 된 다음날 2021. 3. 31.
1년	입사 1년째인 2021. 3. 31.	15일	2022. 3. 31.
2년	입사 2년째인 2022. 3. 31.	15일	2023. 3. 31.
3년	입사 3년째인 2023. 3. 31.	16일	2024. 3. 31.
4년	입사 4년째인 2024. 3. 31.	16일	2025. 3. 31.
5년	입사 5년째인 2025. 3. 31.	0일	2026. 3. 31.
6년	입사 6년째인 2026. 3. 31.	0일	2027. 3. 31.

회계일 기준 계산 결과 — 회사의 회계기준일(1.1)로 계산.(판례·노동부 행정해석에 따라 가능)

근속	휴가 발생일	휴가수	미사용시 수당 발생일
입사년 (월차)	2020. 4. 31. ~ 12. 31. 매월 31일(1개씩)	9일	입사후 1년이 된 다음날 2021. 3. 31.
2년차 (연차)	2021. 1. 1.	11.3일	2022. 1. 1. (참고) 11.3일=(입사년 재직일276일+366일)×15일
2년차 (월차)	2021. 1. 31.~2. 31. 매월 31일(1개씩)	2일	입사후 1년이 된 다음날 2021. 3. 31.
3년	2022. 1. 1.	15일	2023. 1. 1.
4년	2023. 1. 1.	15일	2024. 1. 1.
5년	2024. 1. 1.	16일	2025. 1. 1.
6년	2025. 1. 1.	0일	2026. 1. 1.

[주] 월차와 연차 모두 사용 촉진 제도가 있어 합법적인 사용 촉진을 한 경우 연차휴가는 소멸하므로 이를 차감하고 정산한다.

[주] 2017년 5월 30일 입사자부터 연차휴가의 계산 방법은 동일하다. 2020년 3월 31일 발생분과의 차이는 월차에 대해 연차휴가 사용 촉진 제도의 시행 여부이다.

구 분	발생	퇴직 정산분
2017년 5월 29일 입사자까지	❶ 1년간 : 1월 개근시 월 단위 연차 총 11일 ❷ 1년이 되는 날 : 1년 개근 시 1년 총 연차 15일(15일에서 결국 ❶ + ❷ = 15일 – ❶ 사용분) ❸ 2년이 되는 날 : 15일 ❹ 3년이 되는 날 : 16일 계산식 = 15일 + (근속연수 – 1년) ÷ 2로 계산 후 나머지를 버리면 된다.	정산 연차 일수 = [15일 + (❸ + ❹ + ... – 연 단위 연차휴가 사용촉진)] – 사용한 일수
2017년 5월 30일 입사자부터	❶ 1년간 : 1월 개근시 월 단위 연차 총 11일 ❷ 1년이 되는 날 : 1년 개근 시 연 단위 연차 15일 ❸ 2년이 되는 날 : 15일 ❹ 3년이 되는 날 : 16일 계산식 = 15일 + (근속연수 – 1년) ÷ 2로 계산 후 나머지를 버리면 된다.	정산 연차 일수 = [26일 + (❸ + ❹ + ... – 연 단위 연치휴가사용촉진)] – 사용한 일수
2020년 3월 1일 입사자부터		정산 연차 일수 = [(26일 – 월 단위 연차휴가사용촉진) + (❸ + ❹ + .. – 연 단위 연차휴가사용촉진)] – 사용한 일수

04 / 퇴직 정산 후 남은 연차를 정리하는 법

퇴사 시 남은 연차휴가는 남은 연차휴가를 소진하고 퇴사하는 방법과 연차수당으로 지급하는 방법이 있다.

중소기업의 경우 연차수당을 주지 않기 위해 연차휴가를 소진하게 하고 퇴사 처리하는 경우가 많은데, 이에는 득실이 존재한다. 법적으로는 2가지 방법 모두 가능하다.

근로기준법 제60조(연차 유급휴가) ⑤ 사용자는 제1항부터 제4항까지의 규정에 따른 휴가를 근로자가 청구한 시기에 주어야 하고, 그 기간에 대하여는 취업규칙 등에서 정하는 통상임금 또는 평균임금을 지급해야 한다. 다만, 근로자가 청구한 시기에 휴가를 주는 것이 사업 운영에 막대한 지장이 있는 경우에는 그 시기를 변경할 수 있다.

연차유급휴가의 시기 지정권은 근로자에게 있으므로 남은 연차유급휴가를 모두 사용하고 퇴사할 수 있다. 즉 근로자가 퇴직 전에 발생한 연차유급휴가에 대하여 일정한 시기를 지정하여 사용신청을 하였는데, 사용자가 이에 대해 정당하게 시기 변경권을 행사하지 않았다면, 이 경우 근로자는 신청한 기간에 적법하게 휴가를 사용할 수 있다(행정해석 근기 68207-94, 회시일자 : 1995-01-16).

이와는 반대로, 사용자가 일방적으로 근로자에게 남은 연차를 소진하고 퇴사하라고 하는 경우도 있다.

보통 연차휴가 수당을 지급하지 않기 위해서이며, 위법이다. 연차휴가는 근로자가 청구한 시기에 사용하는 것이지 사용자가 일방적으로 시기를 지정할 수 없다. 따라서 사용자가 연차휴가로 처리한다고 하더라도, 근로자는 정상적으로 출근하여 퇴직 후 미사용수당을 청구할 수 있다. 만약 사용자가 연차휴가를 이유로 업무수행을 방해하거나 강제로 회사 밖으로 퇴거시키는 경우 이는 휴업수당의 대상이 될 수도 있다.

↗ 연차휴가를 소진하고 퇴사하는 방법

참고로 퇴사 전 연차휴가를 소진하는 경우 남은 연차휴가일수 계산 시 토요일과 일요일은 제외한다. 즉 토요일과 일요일을 포함해 남은 연차를 소진하는 것이 아니다.

1. 연차 시작일과 퇴사일 사이에 주말을 넣는 경우

예를 들어 연차가 7일 남았는데, 화요일부터 연차를 사용한다고 해보자. 연차를 소진하면, 다음 주 수요일(화, 수, 목, 금, 다음 주 월, 화, 수 총 7일)에 퇴사(퇴사일은 목요일)하게 된다. 이 경우 7일이 아닌 8일 치의 임금을 지급한다. 중간에 주말이 들어가면서 주휴일(유급휴일)이 포함되기 때문이다.

2. 월요일부터 연차를 사용하는 경우

연차를 월요일부터 사용해서 한 주를 전부 쉰 경우, 주휴수당을 줄 필요가 없다. 연차휴가는 근로 제공 의무가 면제된 상태라 주휴일을 산정할 때 기준이 되는 소정근로일에 해당하지 않기 때문이다.
결과적으로 연차를 소진하고 퇴사하는 경우는 주중에 1일이라도 출근하는 날이 있게 설계해야 주휴수당이 발생한다.

구 분	유급 주휴수당 발생 여부
월~금 모두 연차휴가 사용	일요일 유급 주휴수당을 지급하지 않아도 된다.
화~금 또는 수~금 또는 목~금 연차휴가 사용	나머지 요일을 개근한 경우 일요일 유급 주휴수당을 지급해야 한다.
월, 화, 수, 목, 금 중 하루 또는 이틀을 연차휴가를 사용한 경우	

↗ 연차수당으로 받는 방법

퇴직 시 남은 연차일 수에 1일분의 통상임금을 곱해서 연차수당으로 지급하는 방법이다.

예를 들어 통상시급이 1만 원인데, 7일의 연차휴가를 미사용한 경우 연차수당은 10,000원 × 8시간 × 7일 = 56만 원이 연차수당이 된다.

예를 들어 1일 5시간을 근무하는 단시간근로자가 1년 총 75시간((15일 × 5시간)의 연차휴가 시간 중 50시간을 사용한 경우 10,000원 × 25시간 = 25만 원의 연차수당을 지급한다.

연차휴가의 사용 촉진

연차휴가를 사용 안 한 임직원에게 연차수당을 지급하지 않기 위해서는 적법한 절차에 따라 연차휴가 사용 촉진을 해야 한다. 말로 하는 연차휴가 사용 촉진은 효력이 없다. 반드시 서면으로 해야 한다.

여기서 연차휴가 사용 촉진 제도란 사용자가 법에 따른 연차휴가 사용 촉진을 하였음에도 불구하고 근로자가 휴가를 사용하지 않아 소멸된 경우, 그 미사용 연차휴가에 대한 금전 보상 의무를 면제하는 제도를 말한다. 즉 사용자가 연차휴가 사용 촉진 절차를 거쳤음에도 불구하고 근로자가 연차휴가를 사용하지 않으면 사용자는 사용하지 않은 연차휴가에 대해서 연차휴가 미사용수당을 지급할 의무가 없다. 단, 연차휴가 사용 촉진은 시기, 수단(서면) 등 절차를 엄격하게 지켜야 유효하다.

회사가 서면으로 휴가 시기 지정을 하지 않으면 회사는 연차휴가 미사용수당을 근로자에게 지급해야 한다. 즉, 연차휴가 사용 촉진은 서면으로 하는 것이 원칙이다. 다만, 예외적으로 기존의 종이로 된 문서 외에 전자문서로서 연차유급휴가 사용 촉진이 가능하기 위해서는 회사가 전자결제 체계를 완비하여 전자문서로 모든 업무의 기안, 결재, 시행과정이 이루어져 근로자 개인별로 명확하게 촉구 또는 통보되는 때에만 서면 촉구 또는 통보가 인정될 수 있다.

구 분	연차수당 지급
합법적인 연차휴가 사용 촉진을 한 경우(서면이나 전자문서)	면제
합법적인 연차휴가 사용 촉진을 하지 않은 경우	지급

01 / 사용 촉진 대상이 되는 경우

⊙ 지난 1년간 80% 이상 출근한 근로자에게 부여되는 연차휴가(가산 휴가 포함)(근기법 제 60조 제1항, 제4항, 제61조 제1항)

⊙ 근로계약 기간이 1년 이상인 근로자가 입사 후 1년 미만 기간중에 1개월 개근 시 1일씩 발생하는 연차휴가(총 11일)(근기법 제60조 제2항, 제61조 제2항)

⊙ 지난 1년간 80% 미만 출근한 근로자가 그 기간 중 1개월 개근시 발생하는 연차휴가(근기법 제60조 제2항, 제61조 제1항)

02 / 사용 촉진 대상이 되지 않는 경우

⊙ 연차휴가가 발생하였으나 업무상 재해, 출산전후휴가, 육아휴직 등으로 사용하지 못한 연차휴가

⊙ 근로계약 기간이 1년 미만인 근로자가 1개월 개근 시 1일씩 발생하는 연차휴가(1년 계약직 근로자의 월 단위 연차휴가)

⊙ 취업규칙·단체협약 등에 따라 법정 연차휴가 일수를 초과하여 부여되는 연차휴가

03 / 사용 촉진 대상에 해당하나 수당 지급 의무가 발생하는 경우

⊙ 개정 근기법 제61조에 따른(적법한) 사용 촉진을 하지 않은 경우
⊙ 사용 촉진을 실시했으나 제61조의 요건에 부합하지 않는 경우(절차적 흠결)

가. 사용자가 촉진 조치를 서면으로 하지 않은 경우

여기서 '서면'이란 '일정한 내용을 적은 문서'를 의미하므로, 문자 메시지 등은 '서면'에 해당한다고 볼 수 없다. 다만, 이메일(e-mail)에 의한 통보의 경우에는 근로자가 이를 수신하여 내용을 알고 있다면, 유효한 통보로 볼 수도 있다(대법원 2015. 9. 10. 선고 2015두41401).

나. 사용 촉진을 근로자별로 하지 않고 사내 공고의 방식으로 한 경우

다. 1차·2차 촉진을 서면으로 하였으나, 법에서 요구하는 통보일을 준수하지 않은 경우(예 : 연차 사용기간 만료 6개월 전을 기준을 10일 이내에 하여야 하나 이를 준수하지 않은 경우)

라. 1차 촉진 이후 2차 촉진을 하지 않은 경우(1차 촉진 이후 근로자의 사용 시기 지정이 없다면 사용자가 2차 촉진을 해야 하나 하지 않은 경우)

◎ 사용촉진을 실시하였으나 촉진 제도에 의하여 연차휴가가 소멸된 것으로 볼 수 없는 경우

가. 사용자가 사용촉진을 실시하였으나 근로자의 퇴직 · 해고, 사업장의 폐업 등으로 근로관계가 종료된 경우

나. 사용촉진에 의해 휴가를 사용하기로 한 날에 근로자가 출근하였으나 사용자가 노무 수령거부를 하지 않아 정상적인 근로를 제공한 경우(대법 2019다 279283, 2020.2.27.)

04 / 연 단위 연차유급휴가 사용촉진

(회계연도 기준)

7월 1일~7월 10일	7월 10일~7월 20일	7월 21일~10월 31일
사용 시기 지정 요구	사용 시기 지정	휴가 사용 시기 통보
(회사)	(근로자)	(회사)

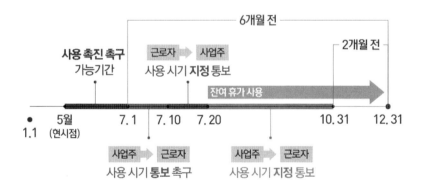

단, 1년 미만 월 단위 연차휴가 사용촉진은 6개월 전이 3개월 전, 2개월 전이 1개월 전으로 변경

연차휴가 사용촉진 제도를 실시하기 위한 구체적인 절차는 다음과 같다. 다음 절차를 모두 거치지 않은 경우 촉진 제도를 실시했다는 사실이 부정되어 미사용 연차휴가 수당이 발생할 수 있다.

⊚ 연차가 소멸하기 6개월 전인 7월 1일부터 10일까지 회사는 구성원에게 연차 사용 계획을 제출하도록 촉구해야 한다.

⊚ 7월 10일 이후부터 20일까지 구성원은 회사에 연차 사용 계획을 제출해야 한다.

⊚ 7월 20일 이후부터 연말까지 연차 사용 계획을 제출한 구성원은 잔여 휴가를 사용한다.

⊚ 연차 사용 계획을 제출하지 않은 구성원에게는 7월 20일 이후부터 연차가 소멸하기 2개월 전인 10월 31일까지 회사가 연차 사용 시기를 지정해 통보해야 한다.

촉진제도 절차	실시 기간
미사용 연차휴가일 수 통지 및 연차휴가 사용 시기 지정 촉구	7월 10일
근로자의 연차휴가 사용 시기 지정 및 사용	7월 20일
(근로자가 미지정 시) 사용자의 연차휴가 사용 시기 지정	7월 21일 ~ 10월 31일
근로자의 연차휴가 사용	근로자 또는 사용자가 지정한 날

위에서 설명한 절차는 1월 1일 회계연도 기준으로 연차를 부여하는 경우를 설명한 것이다. 만약 연차를 입사일 기준으로 부여하고 있다

면 연차휴가 사용촉진 제도에서 정한 각 절차의 시기는 연차 소멸 시점에 맞춰져 있는데, 구성원이 한날한시에 전원 입사한 경우가 아니라면 입사일 기준에 따라 연차 소멸 시점도 제각각이다.

입사일이 다른 모든 구성원의 연차 소멸 6개월 전, 2개월 전 시점에 맞춰 연차휴가 사용촉진 제도를 시행하고, 그 사이에 실제 연차 사용 촉진 활동까지 완벽하게 법에 맞게 진행해야 하는데, 이는 임직원이 많은 경우 수작업으로 거의 불가능하다.

↗ 연차휴가 사용 시기 지정 요구(7월 10일)

사용자는 7월 10일 근로자별로 아직 사용하지 않은 연차휴가 일수를 통지하고, 7월 20일까지 근로자가 미사용한 연차휴가의 사용 시기를 정하여 사용자에게 통보하도록 서면으로 촉구해야 한다.

미사용 연차휴가 일수를 통지할 때는 미사용한 연차휴가 일수, 근로자의 사용 시기 지정 방법 및 이후의 촉진제도 절차 등을 안내하는 것이 좋다.

사용자가 연차휴가 사용을 촉구할 수 있는 연차휴가는 출근율이 80% 이상일 경우 발생하는 15일의 휴가와 근속연수에 따른 가산휴가이며, 출근율이 80% 미만이거나 근속연수가 1년 미만의 경우 발생하는 휴가는 2020년 3월 31일 이후 발생분부터 촉진 대상이다.

따라서 2020년 3월 31일 이전 발생분에 대해서는 연차휴가 사용촉진의 대상이 되지 않는다.

⊿ 근로자의 연차휴가 사용 시기 지정 및 사용(7월 20일)

근로자는 7월 20일 미사용한 연차휴가의 전부 또는 일부의 연차휴가 사용 시기를 지정하여 사용자에게 이를 통보해야 한다. 사용자에게 사용 시기를 통보한 경우 근로자는 통보한 시기에 실제로 연차휴가를 사용해야 하지만 사용자의 동의가 있다면 사용 시기를 변경할 수 있다.

근로자가 사용 시기를 통보할 때는 구체적으로 사용 시기를 특정하여 사용자에게 통보해야 한다. 연차휴가 사용 시기를 지정하면 촉진 제도의 절차는 마무리되는데, 그렇지 않다면 사용자가 사용 시기를 지정하는 다음 절차를 진행해야 한다.

⊿ 근로자가 미지정 시

사용자의 연차휴가 사용 시기 지정(7월 21일~10월 31일)

근로자가 7월 20일까지 연차휴가 사용 시기를 지정하지 않는 경우, 사용자는 7월 21일부터 10월 31일 사이에 연차휴가의 전부 또는 일부에 대한 사용 시기를 지정하여 근로자들에게 서면으로 통지해야 한다.

사용자가 연차휴가 사용 시기를 지정할 때는 연차휴가 사용 시기를 특정하여 통보해야 하며, 시기 변경이 불가하다는 점과 사용하지 않은 연차휴가에 대한 미사용 연차휴가 수당이 지급되지 않는다는 점을 분명히 하는 것이 좋다.

☑ 근로자의 연차휴가 사용

연차휴가 사용 시기가 정해진 경우 근로자는 반드시 해당 일자에 연차휴가를 사용해야 한다.

그런데 근로자가 촉진 제도에 따라 연차휴가 사용일로 정해진 날에 연차휴가 사용을 거부하고 출근하여 근무하는 경우 연차휴가의 사용 여부가 문제가 될 수 있다.

이때 사용자가 노무 수령거부 의사를 명확히 표시하지 않은 경우 미사용 연차휴가 수당이 발생할 수 있는바, 사용자는 다음과 같은 방법으로 노무 수령을 거부한다는 의사를 분명히 표시해야 한다.

노무 수령거부 통지서를 교부할 때는 노무 수령거부 통지서 양식을 사용하면 된다.

❶ 연차휴가일에 근로자의 책상에 노무 수령거부 의사 통지서를 올려놓음

❷ 노무 수령거부 의사 통지서를 근로자에게 교부하고 수령증을 작성하도록 함

❸ 컴퓨터를 켜면 노무 수령거부 의사 통지서가 나타나도록 함

05 / 월 단위 연차유급휴가 사용 촉진

입사 1년 미만 구성원에게는 연차 소멸 3개월 전과 1개월 전 시점에 각각 연차 사용 계획 작성을 요청해야 한다. 즉 1년 미만 근무자 (2025년 1월 1일 입사 가정)의 연차유급휴가 사용촉진 방법은

⊙ 최초 1년의 근로기간의 끝나기 3개월 전을 기준으로 10일 이내 (2025년 10월 1일~10일)에 연차휴가 사용일을 지정하라는 내용의 요청서를 송부한다. 단, 1차 지정 이후 발생한 연차는 최초 1년의 근로기간이 끝나기 1개월 전을 기준으로 5일 이내(2025년 12월 1~5일)에 요청서를 송부한다.

⊙ 만약 근로자가 사용시기를 지정하지 않을 경우, 최초 1년의 근로기간이 끝나기 1개월 전까지(2025년 12월 1일 이전) 사용 시기를 지정하여 송부 한다.

⊙ 1차 지정 이후 발생한 연차휴가는 최초 1년의 근로기간이 끝나기 10일 전까지(12월 21일까지) 지정하여 송부한다.

구 분		〈1차 사용 촉진〉 (사용자→ 근로자)	(근로자→사용자) 사용 시기 지정·통보	〈2차 사용 촉진〉 (사용자→ 근로자)
1년 미만 근무 자	연차휴가 9일에 대해서	10월 1일~10월 10일 (3개월 전, 10일간)	10일 이내	11월 31일까지 (1개월 전)
	연차휴가 2일에 대해서	12월 1일~12월 5일 (1개월 전, 5일간)	10일 이내	12월 21일까지 (10일 전)
1차 사용 촉진		미사용 연차 일수 고지 및 사용 시기 지정·통보 요구		
2차 사용 촉진		근로자의 사용 시기 미통보 시 사용자가 사용 시기 지정·통보		

06 / 합법적인 연차유급휴가 사용 촉진 방법

↗ **연차유급휴가 사용촉진 통보를 사내 이메일(문자 발송)로 통보**

단순히 회사 내 이메일(문자 발송 포함)을 활용하여 통보하거나 근로자별 미사용 휴가 일수를 게재한 공문을 사내 게시판에 게재하는 것은 그러한 방법이 근로자 개인별로 서면 촉구 또는 통보하는 것에 비하여 명확하다고 볼 수 없는 한 인정하기 어렵다(2004.07.27., 근로기준과 -3836).

↗ 사내 전자결제시스템을 통한 연차유급휴가 사용 촉진

회사 내 전자결제시스템을 운영하는 회사의 경우 서면 통지를 하지 않고 회사의 전자결제 시스템상의 결제 절차를 거쳐 통보하는 방법을 사용한 경우, 고용노동부 행정해석(근로기준과-1983, 2010.11.16.)은 "기존의 종이 외에 전자문서로서 연차유급휴가 사용 촉진이 가능하기 위해서는 회사가 전자결재 체계를 완비하여 전자문서로 모든 업무의 기안, 결재, 시행과정이 이루어져 근로자 개인별로 명확하게 촉구 또는 통보되는 때에만 서면촉구 또는 통보로 인정될 수 있음." 이라는 입장을 취하고 있다. 따라서 회사 내 전자결재 시스템상 결재를 최종적으로 승인받은 촉구 통지서를 해당 근로자들에게 전자결제시스템으로 통지하는 것은 가능하다.

구 분		연차유급휴가 사용촉진
원칙		서면 통보
예외	이메일, 문자 통보	단순히 이메일 등을 통해 통보 시 인정 안 된다.
	전자문서	모든 업무의 기안, 결재, 시행과정이 이루어져 근로자 개인별로 명확하게 촉구 또는 통보되는 경우에만 서면 촉구 또는 통보가 인정된다.

⊿ 연차휴가 사용 일에 근로자가 출근한 경우 유효한 연차휴가 사용 촉진 방법

고용노동부 행정해석은 "사용자는 노무 수령거부 의사를 명확히 표시해야 하며, 명확한 노무 수령거부 의사에도 불구하고 근로를 제공한 경우는 연차유급휴가 미사용수당을 지급할 의무가 없다고 사료됨" 이라는 입장을 취하고 있다.

따라서 사용자가 노무 수령거부 의사를 명확히 표시하지 않았거나 근로자에 대해서 업무지시 등을 하여 근로자가 근로를 제공한 경우는 휴가일 근로를 승낙한 것으로 보아 연차휴가수당을 지급해야 하므로 아래의 고용노동부의 행정해석(근로기준과-351, 2010.03.22)의 입장에 따라 명확한 조치를 해당 근로자에게 취해야 실무상 완전한 연차유급휴가 사용촉진을 했다고 보므로 최후까지 마무리를 확실하게 해야 한다.

고용노동부의 행정해석(근로기준과-351, 2010.03.22)에서 보고 있는 최종 조치라는 것은

① 연차휴가일에 해당 근로자의 책상 위에 '노무 수령거부 의사 통지서' 를 올려놓거나,

② 컴퓨터를 켜면 '노무 수령거부 의사 통지' 화면이 나타나도록 하여 해당 근로자가 사용자의 노무 수령거부 의사를 인지할 수 있는 정도라면 달리 볼 사정이 없는 한 노무수령 거부 의사를 표시한 것으로 볼 수 있다고 사료됨." 라는 입장을 취하고 있다.

그러므로 회사에서는 연차휴가 사용 일에 근로자가 출근하여 근로를 제공하고 있는 경우에는 최소한 다음의 조처를 해 두는 것이 좋다.

가. 연차휴가일에 근로자의 책상에 노무 수령거부 의사 통지서를 올려놓음

나. 노무 수령 거부통지서를 근로자에게 발급하고 수령증을 작성하도록 함

다. 컴퓨터를 켜면 노무 수령 거부통지서가 나타나도록 함

07 / 모든 근로자를 대상으로 해야 하나?

연차휴가 사용촉진 제도를 회사 내 모든 근로자를 대상으로 실시해야 하는 것은 아니며, 직무 및 근무 형태 등에 따라 일부 근로자만을 대상으로 이를 실시할 수 있다.

예를 들어 생산직 근로자와 같은 교대 근무자에게 촉진제도를 실시할 경우 업무수행에 차질이 발생할 수 있다면 생산직 근로자를 제외한 나머지 근로자들을 대상으로 촉진 제도를 실시할 수 있다.

08 / 중도퇴사자의 경우 미사용 연차휴가수당 지급

연차휴가 사용촉진 제도를 실시해도 연차휴가를 사용하지 못하고 퇴사하는 근로자에게는 미사용 연차휴가 수당을 지급해야 하며, 근로자가 사용 시기를 지정하지 않아 사용자가 사용 시기를 지정한 경우에도 연차휴가 사용 전에 퇴사하였다면 미사용 연차휴가 수당을 지급해야 한다.

미사용 연차휴가일수 통지 및 휴가사용시기 지정 요청
[근로기준법 제61조 및 취업규칙 제0조 관련]

성 명		부 서		사 번	

발생연차(A)	사용연차(B)	미사용(A-B)	연차휴가를 사용할 수 있는 기간
일	일	일	20XX. 7. 1 ~ 12. 31.

_____ 사원의 20XX. 7. 1 현재 사용하지 않은 연차휴가일수가 _____일임을 알려드립니다. 20XX. 7. 11까지 미사용 연차휴가의 사용시기를 지정하신 후 첨부된 서식을 작성하셔서 인사팀으로 서면통보하여 주실 것을 촉구드립니다.

※ "연차휴가 사용시기 지정통보" 는 붙임 서식을 사용하여 주시기 바랍니다.

동 기한 내에 붙임 서식에 의한 "미사용 연차유급휴가 사용시기 지정통보" 가 제출되지 아니한 경우 관련 규정에 의해 추후 회사가 휴가일을 임의로 지정할 예정이며, 회사가 지정한 일자에 휴가를 사용하지 않을 경우에는 연차휴가미사용수당이 지급되지 않음을 알려드리오니 휴가제도의 취지에 맞게 연차휴가를 적극 사용해 주시기를 당부드립니다.

20XX. 7. 1

(주)○○○○○○○

■ 관련 법령 : 근로기준법 제61조(연차유급휴가의 사용 촉진)

61조(연차 유급휴가의 사용 촉진) ① 사용자가 제60조 제1항·제2항 및 제4항에 따른 유급휴가(계속하여 근로한 기간이 1년 미만인 근로자의 제60조 제2항에 따른 유급휴가는 제외한다)의 사용을 촉진하기 위하여 다음 각호의 조치를 하였음에도 불구하고 근로자가 휴가를 사용하지 아니하여 제60조 제7항 본문에 따라 소멸된 경우에는 사용자는 그 사용하지 아니한 휴가에 대하여 보상할 의무가 없고, 제60조 제7항 단서에 따른 사용자의 귀책사유에 해당하지 아니하는 것으로 본다.

1. 제60조 제7항 본문에 따른 기간이 끝나기 6개월 전을 기준으로 10일 이내에 사용자가 근로자별로 사용하지 아니한 휴가 일수를 알려주고, 근로자가 그 사용 시기를 정하여 사용자에게 통보하도록 서면으로 촉구할 것

2. 제1호에 따른 촉구에도 불구하고 근로자가 촉구를 받은 때부터 10일 이내에 사용하지 아니한 휴가의 전부 또는 일부의 사용 시기를 정하여 사용자에게 통보하지 아니하면 제60조 제7항 본문에 따른 기간이 끝나기 2개월 전까지 사용자가 사용하지 아니한 휴가의 사용 시기를 정하여 근로자에게 서면으로 통보할 것

② 사용자가 계속하여 근로한 기간이 1년 미만인 근로자의 제60조 제2항에 따른 유급휴가의 사용을 촉진하기 위하여 다음 각호의 조치를 하였음에도 불구하고 근로자가 휴가를 사용하지 아니하여 제60조 제7항 본문에 따라 소멸된 경우에는 사용자는 그 사용하지 아니한 휴가에 대하여 보상할 의무가 없고, 같은 항 단서에 따른 사용자의 귀책사유에 해당하지 아니하는 것으로 본다.

1. 최초 1년의 근로기간이 끝나기 3개월 전을 기준으로 10일 이내에 사용자가 근로자별로 사용하지 아니한 휴가 일수를 알려주고, 근로자가 그 사용 시기를 정하여 사용자에게 통보하도록 서면으로 촉구할 것. 다만, 사용자가 서면 촉구한 후 발생한 휴가에 대해서는 최초 1년의 근로기간이 끝나기 1개월 전을 기준으로 5일 이내에 촉구하여야 한다.

2. 제1호에 따른 촉구에도 불구하고 근로자가 촉구를 받은 때부터 10일 이내에 사용하지 아니한 휴가의 전부 또는 일부의 사용 시기를 정하여 사용자에게 통보하지 아니하면 최초 1년의 근로기간이 끝나기 1개월 전까지 사용자가 사용하지 아니한 휴가의 사용 시기를 정하여 근로자에게 서면으로 통보할 것. 다만, 제1호 단서에 따라 촉구한 휴가에 대해서는 최초 1년의 근로기간이 끝나기 10일 전까지 서면으로 통보하여야 한다.

연차휴가 사용시기 지정통보서

본인은 미사용한 연차휴가에 대하여 다음과 같이 그 사용시기를 지정하여 회사에 통보드립니다.

- 다 음 -

1. 통지받은 내역

발생연차(A)	사용연차(B)	미사용(A-B)	연차휴가를 사용할 수 있는 기간
일	일	일	20XX. 7. 1 ~ 12. 31.

2. 미사용 연차휴가 사용시기 지정 통보내역 (○ 표시)

7월	일	1	2	3	4	5	6	7	8	9	10	11	12	13	14	15	
	지정																
	일	16	17	18	19	20	21	22	23	24	25	26	27	28	29	30	31
	지정																
8월	일	1	2	3	4	5	6	7	8	9	10	11	12	13	14	15	
	지정																
	일	16	17	18	19	20	21	22	23	24	25	26	27	28	29	30	31
	지정																
9월	일	1	2	3	4	5	6	7	8	9	10	11	12	13	14	15	
	지정																
	일	16	17	18	19	20	21	22	23	24	25	26	27	28	29	30	31
	지정																
10월	일	1	2	3	4	5	6	7	8	9	10	11	12	13	14	15	
	지정																
	일	16	17	18	19	20	21	22	23	24	25	26	27	28	29	30	31
	지정																
11월	일	1	2	3	4	5	6	7	8	9	10	11	12	13	14	15	
	지정																
	일	16	17	18	19	20	21	22	23	24	25	26	27	28	29	30	31
	지정																
12월	일	1	2	3	4	5	6	7	8	9	10	11	12	13	14	15	
	지정																
	일	16	17	18	19	20	21	22	23	24	25	26	27	28	29	30	31
	지정																

☞ 총합계는 미사용일수와 동일하여야 합니다.

20XX년 7월   일

통 보 자 :   (서명)

(주)○○○○○○ 귀중

연차휴가 사용촉진 관련 서면통보서 등 수령확인서

본인은 회사에서 통보한 "미사용 연차휴가일수 통지 및 휴가 사용 시기 지정 요청" 및 "미사용 연차휴가 사용 시기 지정 통보서"를 서면으로 직접 수령하였음을 확인합니다.

☐ **부서명 :**

NO	성 명	사 번	수령일	서 명
1				
2				
3				
4				
5				
6				
7				
8				
9				
10				
11				
12				
14				
15				

미지정 연차휴가 사용시기 지정통보(2차 통보)

　당사는 20XX.7.X에 ＿＿＿＿＿ 사원에게 잔여 연차휴가에 대한 사용시기를 지정하여 20XX.7.X까지 인사팀으로 서면통보해 주실 것을 요청드렸습니다. 그러나 안내드린 시기까지 회사에 통지를 하시지 않으셔서, 근로기준법 제61조 및 취업규칙 제O조에 따라 부득이 회사가 부서장과 협의 후 ＿＿＿＿＿ 사원의 휴가 일자를 임의지정하여 통보하니, 지정된 날짜에 연차휴가를 모두 사용하시기 바랍니다. 만약, 지정된 날짜에 휴가를 사용하시지 않는 경우 연차휴가가 소멸되고 미사용분에 대한 수당이 지급되지 않으니, 반드시 모두 사용해 주시기 바랍니다.

- 다　　음 -

1. 잔여 휴가일수(20XX.　.　. 현재) : ＿＿＿일

발생연차(A)	사용연차(B)	미사용(A-B)	연차휴가를 사용할 수 있는 기간
일	일	일	20XX. 7. 1 ~ 12. 31.

2. 휴가 지정일자

월	연차휴가 사용 지정일자	소계
7월		일
8월		일
9월		일
10월		일
11월		일
12월		일
총 합계		일

20XX년　월　일

(주)○○○○○○○ 대표이사

노무 수령거부 통지서

성 명		부 서		사 번	

　근로기준법 제61조(연차 유급휴가 사용촉진)에 의거 회사는 귀하에게 미사용 연차휴가일수를 알려주고, 그 사용시기를 정하여 회사에 통보하도록 촉구하였음에도 불구하고 아무런 통보를 하지 않아 부득이 회사가 귀하의 연차휴가 사용일을 지정하여 통보하였습니다. 금일은 회사가 귀하의 연차휴가일로 지정한 날이므로 귀하는 금일 회사에 근로를 제공할 의무가 없고, 회사에서는 귀하의 노무 수령을 거부하니, 즉시 퇴근하시기 바랍니다.

　본 통지서를 수령하고도 귀하가 퇴근하지 않고 계속 근로를 하더라도 회사는 동법에 의거하여 귀하가 연차휴가를 사용한 것으로 처리하고, 추후 연차휴가미사용수당이 지급되지 않음을 알려드리오니, 이점 유념하시어 휴가제도의 취지에 맞게 충분한 휴식을 취하시기 바랍니다.

20XX. X. X.

㈜〇〇〇〇〇〇〇

-------------------- 절 취 선 --------------------

노무 수령거부 통지서 수령확인증

본인은 금일 회사의 노무 수령거부 통지서를 수령하였음을 확인합니다.

20XX. X. X.

수령한 시각 : 00:00

수령인　소속　　　　　　사번　　　　　성명　　　　　(서명)

(주)〇〇〇〇〇〇〇 귀중

연차수당 계산 시
식대와 자가운전보조금

연차수당은 통상임금 기준으로 계산하는데, 통상임금에 식대나 자가
운전보조금이 포함되는지? 여부에 대해 실무자들이 많이 궁금해해서
정리해 보았다.

01 / 식대 별도인 경우 통상임금에 포함되나요?

식대가 통상임금에 포함되는지? 여부는 상황에 따라 달라질 수 있다.
일반적으로 정기적, 일률적, 고정적으로 지급되는 식대는 통상임금에
포함될 가능성이 크다.
식대가 통상임금에 포함되는지? 여부는 그 지급 목적과 방식에 따라
결정된다.

구 분	통상임금 여부 판단
통상임금에 포함 되는 경우	다음과 같은 경우에는 식대가 통상임금에 포함될 수 있다. ❶ 고정적으로 지급되는 식대 : 근무일수와 관계없이 매월 일정 액이 고정적으로 지급되는 경우

구 분	통상임금 여부 판단
	근무일수와 관계없이 매월 일정 금액이 고정적으로 지급되는 경우, 소정근로의 대가로 볼 수 있어 통상임금에 포함될 가능성이 크다. ❷ 모든 근로자에게 동일하게 지급되는 식대 : 직급이나 부서 등에 관계없이 모든 근로자에게 동일하게 지급되는 경우, 통상임금에 포함될 가능성이 크다(전직원 비과세 급여처리하는 경우). ❸ 임금성 인정 : 단체협약이나 취업규칙 등에서 명시적으로 임금으로 인정하는 경우
통상임금에 포함되지 않는 경우	❶ 실비 변상적인 성격의 식대 : 실제로 지출한 식비를 회사에서 보전해주는 성격의 식대는 통상임금에 포함되지 않을 수 있다. ❷ 근무 시간이나 업무 성과에 따라 변동되는 식대 : 근무 시간이니 업무 성과에 따리 식대가 변동되는 경우, 통상임금에 포함되지 않을 가능성이 크다. ❸ 변동적이거나 실비 변상을 위한 식대 : 출근 일수나 실제 식사 횟수에 따라 달라지는 식대는 통상임금에 포함되지 않는 경우가 많다. 또한, 식비의 실비 변상(예: 출장 중 식대)으로 지급되는 금액도 통상임금에 포함되지 않는다.

02 / 자가운전보조금은 통상임금에 포함되나요?

자가운전보조금이 통상임금에 포함되는지는 지급 목적과 방식에 따라 결정된다.

구 분	통상임금 여부 판단
통상임금에 포함되는 경우	자가운전보조금이 실비변상과 무관하게 정기적이고 일률적으로 지급된다면 통상임금에 포함된다. 예를 들어, 근로자의 업무와 상관

구 분	통상임금 여부 판단
	없이 모든 직원에게 동일하게 지급되는 경우(전직원 비과세 급여처리하는 경우), 이는 임금의 성격을 띠므로 통상임금에 포함된다.
	판례에 따르면, 자가운전보조금이 실비변상을 넘어서서 근로자에게 추가적인 소득을 제공하는 형태로 지급되는 경우, 이는 통상임금에 포함될 가능성이 크다.
통상임금에 포함되지 않는 경우	자가운전보조금이 실비변상의 성격을 가지고 있다면, 통상임금에 포함되지 않는다. 예를 들어, 근로자가 자신의 차량을 업무에 사용함으로써 발생하는 비용(기름값, 유지비 등)을 보전하기 위해 지급되는 자가운전보조금은 실비 변상적인 성격이 강하기 때문에, 통상임금에 포함되지 않는 것이 일반적이다.

연차수당의 계산 방법

01 / 입사 1년 미만 근로자의 연차수당

1년 미만 근로한 근로자는 연차휴가가 1년 뒤에 발생하는 것이 아니라 1개월 개근 시 매월 1일의 연차휴가가 발생한다.

예를 들면, 2024년 1월 2일 입사자의 경우 1년간 최대 11개(2월 2일~12월 2일)의 연차휴가가 발생하며, 이를 입사일로부터 1년 안에 모두 사용해야 한다(예 : 회계연도 기준의 경우 1월 1일~12월 31일 안에 모두 사용).

연차휴가의 사용촉진이 있어 사용촉진을 한 경우 연차휴가를 사용하지 않으면 별도의 수당이 발생하지 않으며, 사용자가 연차휴가의 사용촉진을 안 한 경우에만 연차휴가 수당이 발생한다.

2024년 2월 2일부터 발생한 휴가는 2025년 2월 1일까지 사용할 수 있고, 미사용 시에는 사용자가 연차휴가의 사용촉진을 안 한 경우에만 2025년 2월 2일에 수당을 지급한다.

구 분	연차수당 지급 여부
원 칙	❶ 사용자가 연차휴가의 사용촉진을 한 경우 : 연차휴가수당 지급 의무 면제 ❷ 사용자가 연차휴가의 사용촉진을 안 한 경우 : 연차휴가수당 지급
예 외	반면, 발생한 연차를 사용하지 못하고 퇴직하는 경우는 퇴직 당시 발생한 연차에 대한 수당은 지급해야 한다.

↗ 1년 미만 근로자의 연차휴가 발생과 휴가 사용기간 및 미사용 수당 지급 시기와 산정 시 기준급여

근로기준법 제60조 제2항 "사용자는 계속하여 근로한 기간이 1년 미만인 근로자에게 1개월 개근 시 1일의 유급휴가를 주어야 한다." 는 규정에 의거 1개월 개근하면 1일의 연차휴가가 발생하게 된다.

1개월 개근하여 발생한 연차휴가의 사용기간은 근로기준법 제60조 제7항 "제1항부터 제4항까지의 규정에 따른 휴가는 1년간 행사하지 않으면 소멸된다." 는 규정에 의거 입사일로부터 1년간 사용할 수 있다. 예를 들어 2024년 5월 1일 입사해서 1개월간(5월 1일~5월 31일) 개근하면 2024년 6월 1일에 1일의 연차휴가가 발생하며, 1년간 총 11일의 휴가가 발생한다. 이는 입사일로부터 1년간 사용 가능(4월 30일)하고, 연차휴가의 사용촉진을 안 한 경우는 2025년 5월 1일이 속하는 급여지급일에 연차 미사용수당으로 지급하게 된다.

2025년 5월 1일이 속하는 급여지급일에 지급하는 연차 미사용수당의 계산기초가 되는 임금의 기준은 최종 휴가청구권이 있는 달(4월 30일)의 임금 지급 일이 속한 5월 급여의 통상임금으로 미사용 수당을 계산해서 지급한다.

↗ 회계연도 기준으로 연차를 운영하는 경우

회계연도(1월 1일~12월 31일)로 운영하는 사업장의 경우, 1개월 개근 시 발생하는 연차휴가를 12월 31일까지 모두 사용해야 한다.

❶ 입사 1년 차에 발생하는 11일의 연차휴가는 연차휴가의 사용촉진 시 1년 안에 무조건 사용해야 한다(수당이 발생하지 않음).

❷ 입사 2년 차에는 연차휴가 15일만 사용할 수 있다.

❸ 종전에는 26일을 몰아서 사용할 수 있었으나, 법 개정으로 11일과 15일을 각각 사용해야 한다. 실무자는 1년 미만 근로자 및 전년도 출근율이 80% 미만인 자에 대한 연차휴가 사용 촉진 업무가 하나 더 늘었다.

종전에는 딱 1년이 되는 시점(2년 차)에 26일의 연차가 발생해서 1년이 되는 시점에 퇴사 시 26일분의 연차수당이 발생했으나, 개정으로 1년 차에는 최대 11일, 2년 차에는 15일로 연차일수가 구분이 되고, 1년 + 1일이 되는 시점에 퇴사하는 경우 연차휴가 사용 촉진을 했다면 15일의 연차수당만 지급하면 된다.

02 / 입사 2년 차 근로자의 연차수당

연차수당은 미사용한 연차휴가에 대해 지급하는 수당으로 연차수당의 계산은 연차휴가 청구권이 소멸한 달의 통상임금 수준이 되며, 그 지급일은 휴가 청구권이 소멸된 직후에 바로 지급해야 함이 마땅하나, 취업규칙이나 근로계약에 근거해서 연차휴가 청구권이 소멸된 날 이후 첫 임금 지급일에 지급해도 된다.

예를 들어 2023년 1월 1일~2023년 12월 31일까지 만근하여 2024년 1월 1일~2024년 12월 31일까지 사용할 수 있는 15개의 연차휴가가 발생하였으나 이를 사용하지 않았다면 2024년 12월 31일자로 연차휴가 청구권은 소멸되고, 휴가청구권이 소멸되는 다음날(2025년 1월 1일)에 연차유급휴가 근로수당이 발생하게 되는 것이다.

03 / 연차수당의 계산 사례

연차수당계산의 기준이 되는 임금은 연차휴가청구권이 최종적으로 소멸하는 월의 통상임금을 기준으로 한다.

연차수당 = 연차휴가청구권이 소멸한 달의 통상임금 ÷ 209시간^{주} × 8시간 × 미사용 연차일수

여기서 통상임금은 기본급, 각종 수당(가족수당, 직무수당 등), 상여금의 합계를 말한다.

🔺 월 통상임금 산정 기준시간 예시(소수점 올림)

❶ 주당 소정근로시간이 40시간이며(하루 8시간 근무), 유급 처리되는 시간이 없는 경우 : 209시간 = [(40 + 8(주휴)) ÷ 7] × [365 ÷ 12]

❷ 주당 소정근로시간이 40시간이며, 주당 4시간이 유급 처리되는 경우 : 226시간 = [(40 + 8(주휴) + 4(유급)) ÷ 7] × [365 ÷ 12]

❸ 주당 소정근로시간이 40시간이며, 주당 8시간이 유급 처리되는 경우 : 243시간 = [(40 + 8(주휴) + 8(유급)) ÷ 7] × [365 ÷ 12]

❹ 주당 소정근로시간이 35시간(하루 7시간 근무), 유급 처리되는 시간이 없는 경우 : 183시간 = [(35 + 7(주휴)) ÷ 7] × [365 ÷ 12]

구 분		연차수당의 지급
지급일		• 특별한 정함이 없는 한 연차휴가를 사용할 수 있는 1년의 기간이 만료된 후 최초의 임금 정기지급일에 지급해야 한다. • 퇴직자는 미사용 연차휴가에 대해서 미사용수당을 퇴직일로부터 14일 이내에 지급해야 한다.
원칙	월 단위 연차휴가	1. 2020년 3월 30일까지 발생한 연차 연차휴가 사용촉진의 대상이 아니므로 미사용 연차휴가에 대해 무조건 연차수당을 지급해야 한다. 2. 2020년 3월 31일부터 발생하는 연차 ❶ 사용자가 연차휴가의 사용촉진을 한 경우 : 연차휴가수당 지급의무 면제 ❷ 사용자가 연차휴가의 사용촉진을 안 한 경우 : 연차휴가수당 지급
	연 단위 연차휴가	다음의 2가지 요건을 모두 충족해야 한다. • 연차휴가 사용촉진을 안 한 경우 • 휴가일수의 전부 또는 일부를 사용하지 않은 경우 미사용 연차유급휴가 일수만큼의 미사용수당을 지급해야 한다.
예외		• 퇴직으로 인해 연차를 사용하지 못하고 퇴직하는 경우는 퇴직 당시 발생한 연차 중 사용하지 못한 연차에 대한 수당은 지급해야 한다. • 연차휴가 사용촉진을 한 경우 연차수당을 지급하지 않을 수 있다. 다만, 퇴직으로 인해 사용하지 못한 연차에 대해서는 연차휴가 사용촉진을 해도 연차수당을 지급해야 한다. • 2022년 1월 1일부터 5인 이상 사업장은 빨간 날 쉬는 경우 연차휴가에서 차감할 수 없다. • 딱 1년이 되는 시점에 계속해서 근로가 예정되어있는 경우 15일의 연 단위 연차가 발생하고, 근로관계의 종료로 계속근로가 예정되지 않은 경우 15일의 연 단위 연차는 발생하지 않는다는

구 분	내 용
	것이 대법원의 해석이다. 따라서 계약직의 경우 딱 1년 365일이 되는 시점에 근로관계가 종료되고 다음 날 근로가 예정되어 있지 않으므로 15일의 연 단위 연차휴가는 발생하지 않는다. 결론은 365일 근무한 경우 11일, 366일 근무의 경우 26일이 발생한다는 것이다.
계산기준	연차수당도 임금채권으로 발생일부터 3년간 지급하지 않으면 소멸한다. 연차유급휴가 미사용수당은 취업규칙에 달리 정함이 없는 한 발생한 달의 통상임금을 기초로 하여 산정한다. 그리고 중소기업의 경우 연차수당 청구권이 발생한 달에 연차수당을 지급하지 않고 퇴사 시점에 전체 근무기간의 연차휴가를 계산해 수당을 정산하는 경우도 많다. 이 경우 수당 지급의 기준이 되는 통상임금은 퇴사 시점의 통상임금이 아니라 각 연차수당 청구권이 발생한 해당연도의 해당 월의 통상임금을 기준으로 계산한다. 예를 들어 2022년 12월 31일, 2023년 12월 31일, 2024년 12월 31일까지 미사용 연차가 있어 2025년 퇴사로 인해 연차수당을 정산하는 경우 2022년 12월 31일, 2023년 12월 31일, 2024년 12월 31일 각 연도의 남은 연차를 각 연도의 12월 31일 통상임금을 기준으로 계산해야 한다. 즉 모든 남은 연차 일수를 퇴사 시점의 통상임금을 적용해서 계산하는 것이 아니다.

연차수당 = 연차휴가청구권이 소멸한 달의 통상임금 ÷ 209시간(통상임금 산정 기준시간) × 8시간 × 미사용 연차일수
여기서 통상임금은 기본금, 각종 수당(가족수당, 직무수당 등), 상여금의 합계를 말한다.

구 분	연차수당의 지급
원 칙	휴가 청구권이 있는 마지막 달의 통상임금으로 지급해야 한다. 연차유급휴가 청구권이 소멸한 날의 다음 날에 연차유급휴가 미사용수당을 지급하여야 함(2007.11.5., 임금 근로시간정책팀-3295).
예 외 (연차수당의 선지급)	1. 조건 ❶ 월급에 포함해서 매달 지급한다는 근로계약의 체결 ❷ 선지급을 이유로 연차휴가 사용을 제한해서는 안 된다. 단, 사용분에 대해서는 급여에서 차감할 수 있다. 2. 주의할 점 월급에 포함해서 매달 지급하는 금액이 휴가청구권이 있는 마지막 달 기준 통상임금. 즉 원칙에 의한 통상임금보다 적어서는 안 된다. 따라서 급여가 하락힌 경우는 문제가 없으니 급여가 상승한 경우는 그 상승분에 대해 연차수당을 추가 지급해야 한다. 매년 최저임금이 상승하므로 급여는 상승할 가능성이 크다.

월~금요일 일 8시간을 근무(주 40시간)하고, 월 통상임금이 209만 원인 김갑동씨가 15개의 연차 중 10개만 사용해 5개의 연차수당 지급의무가 발생한 경우

해설

209만 원 ÷ 209시간 ^{주} = 10,000원(시간당 통상임금)

10,000원 × 8시간 = 80,000원(일일 통상임금)

80,000원 × 5일(15일 − 10일) = 400,000원이 연차수당이다.

[주] 209시간 = 통상임금 산정 기준시간(유급 근로시간) = (40시간 + 8시간(주휴시간)) × 4.345주

만일 주 20시간인 경우 통상임금 산정 기준시간은?

(20시간 + 4시간(주휴시간)) × 4.345주 ≒ 105시간

- 기본급 2,000,000원
- 시간외 100,000원
- 직무수당 50,000원
- 기술수당 40,000원
- 연구수당 10,000원
- 직책수당 55,000원
- 가족수당 15,000원
- 통근수당 50,000원

해설

매월 정기적, 일률적으로 지급하고 일 소정근로에 따라 지급되는 항목은 연차수당 계산 시 포함된다.

기본급 2,000,000원 + 시간외 100,000원 + 직무수당 50,000원 + 기술수당 40,000원 + 연구수당 10,000원 + 직책수당 55,000원 = 월 통상임금 2,255,000원 ÷ 30일 = 연차수당 75,170원(원 단위 반올림)

일용직은 일급이 정해져 있으므로 별다른 문제가 없겠지만 월급제의 경우 연차 산정에 필요한 일급을 구할 시에 취업규칙, 급여 규정 등에서 정한 내용에 따라 회사마다 다를 수 있다.

예를 들어 30일을 기준으로 하는 경우 포함 항목 ÷ 30일이 연차수당이 된다.

시간급(직)의 경우에는 시급 × 일 소정근로시간 = 일급이 된다.

연차수당을 퇴사 시점에 한꺼번에 지급하는 경우 계산 방법

첫째, 퇴사 시점에 미사용 연차수당을 청구한다면 퇴사일을 기준으로 3년 치를 청구할 수 있는 것이 아니라 미사용 연차수당 청구권이 발생한 날로부터 3년 치를 청구할 수 있다.

예를 들어 2024년 1월 1일 발생한 연차의 연차청구권은 2024년 1월 1일부터 12월 31일까지 사용할 수 있다.

그리고 2024년 12월 31일까지 사용하지 못한 미사용 연차에 대해서는 적법하게 연차휴가 사용 촉진을 안 한 경우 연차수당 청구권은 2025년 1월 1일에 발생한다.

2025년 1월 1일에 발생한 미사용 연차수당 청구권의 소멸시한은 3년으로 2027년 12월 31일까지 청구할 수 있다. 따라서 이 기간에 청구하지 않으면 소멸한다.

둘째, 미사용 연차수당은 취업규칙, 단체협약 등에 회사에서 별도로 정한 사항이 없으면 연차수당은 연차휴가 청구권이 만료되는 마지막 달의 통상임금으로 계산한다.

예를 들어 2023년 4월 1일부터 2024년 4월 1일까지 근로하면 1년 단위 연차휴가가 15개 발생한다. 그리고 발생한 연차는 2025년 3월 31일까지 사용할 수 있다. 따라서 이를 사용하지 않고 적법한 절차에 의한 연차휴가사용촉진을 안 한때는 2025년 3월 통상임금으로 연차수당을 계산해서 지급한다. 즉 미사용 연차일 수 × 통상시급(3월) × 8시간을 연차수당으로 지급한다.

셋째, 연차수당을 매년 정산하지 않고 퇴사 시점 등에 한꺼번에 지급하는 경우 퇴사 시점의 통상임금을 기준으로 지급하는 것이 아니라 연차사용권이 발생한 매 연도의 마지막 달 통상임금을 기준으로 계산한다.

예를 들어 2023년 3일, 2024년 4일, 2025년 3일 미사용 연차휴가에 대해서 2026년 1월 1일에 연차수당 청구권이 발생한다면 2026년 1월 1일에 2025년 12월 31일의 통상임금을 기준으로 총 10일 미사용 연차수당을 계산하는 것이 아니라 2023년 12월 31일 3일, 2024년 12월 31일 4일, 2025년 12월 31일 3일 등 각각의 통상임금을 기준으로 미사용 연차수당을 계산한다.

연차수당은 회사 규정에 무조건 입사일 기준으로 정산한다는 규정이 없다면 회계연도 기준과 입사일 기준 중 근로자에게 유리한 경우를 적용하며, 미사용 연차수당 대신 미사용 연차휴가를 모두 사용하고 퇴직할 수도 있다.

01 / 회계연도 기준으로 연차수당 계산

일 8시간, 주 5일 근무 사업장으로 회계연도 기준으로 연차휴가를 부여하는 회사다.

1. 재직기간 : 2021년 1월 1일 입사, 2025년 6월 7일 자 퇴직
2. 회사는 매년 연차사용촉진제도를 운영하지 않으며, 매년 평균 10일의 연차를 사용했다.
3. 미사용한 연차에 대해서 매년 정산하지 않고 퇴직 시점에 연차수당을 정산하였다.

해설

[연차 사용 내역]

구 분	2021년 12월 1일	2022년 1월 1일	2023년 1월 1일	2024년 1월 1일	2025년 1월 1일
발생한 연차일수	11일	15일	15일	16일	16일
사용한 연차일수	10일	10일	10일	10일	10일
미사용 연차일수	1일	5일	5일	6일	6일

[연도별 통상임금]

구 분	2021년 12월 31일	2022년 12월 31일	2023년 12월 31일	2024년 12월 31일	2025년 6월 7일
통상임금	3,200,000원	3,400,000원	3,600,000원	3,800,000원	4,000,000원
소정근로시간	209시간	209시간	209시간	209시간	209시간
통상시급	15,311원	16,268원	17,225원	18,182원	19,139원

[미사용 연차수당 계산]

구 분	2021년 1월 1일	2022년 1월 1일	2023년 1월 1일	2024년 1월 1일	2025년 1월 1일
연차수당 발생일	2022년 1월 1일	2023년 1월 1일	2024년 1월 1일	2025년 1월 1일	2025년 6월 7일
소멸시효	2024년 12월 31일	2025년 12월 31일	2026년 12월 31일	2027년 12월 31일	2028년 6월 6일
미사용 연차일수	1일	5일	5일	6일	6일
연차수당	122,488원	652,720원	689,000원	872,736원	918,672원
계산 근거	15,311원 × 1일 × 8시간	16,268원 × × 5일 × 8시간	17,225원 × 5일 × 8시간	18,182원 × 6일 × 8시간	19,139원 × 6일 × 8시간
	2025년 기준 청구 가능 금액				3,133,128원

02 / 입사일 기준으로 연차수당 계산

일 8시간, 주 5일 근무 사업장으로 입사일 기준으로 연차휴가를 부여하는 회사다.

1. 재직기간 : 2021년 7월 1일 입사, 2025년 8월 7일 자 퇴직
2. 회사는 매년 연차사용촉진 제도를 운영하지 않으며, 매년 평균 10일의 연차를 사용했다.
3. 미사용한 연차에 대해서 매년 정산하지 않고 퇴직 시점에 연차수당을 정산하였다.

해설

[연차 사용 내역]

구 분	2022년 6월 1일	2022년 7월 1일	2023년 7월 1일	2024년 7월 1일	2025년 7월 1일
발생한 연차일수	11일	15일	15일	16일	16일
사용한 연차일수	10일	10일	10일	10일	10일
미사용 연차일수	1일	5일	5일	6일	6일

[연도별 통상임금]

구 분	2021년	2022년	2023년	2024년	2025년
통상임금	3,200,000원	3,400,000원	3,600,000원	3,800,000원	4,000,000원
소정근로시간	209시간	209시간	209시간	209시간	209시간
동상시급	15,311원	16,268원	17,225원	18,182원	19,139원

[미사용 연차수당 계산]

구 분	2021년 7월 1일	2022년 7월 1일	2023년 7월 1일	2024년 7월 1일	2025년 7월 1일
연차수당 발생일	2022년 7월 1일	2023년 7월 1일	2024년 7월 1일	2025년 7월 1일	2025년 8월 7일
소멸시효	2025년 6월 30일	2026년 6월 30일	2027년 6월 30일	2028년 6월 30일	2028년 8월 6일
미사용 연차일수	1일	5일	5일	6일	6일
연차수당	130,144원	689,000원	727,280원	918,672원	918,672원
계산 근거	16,268원 × 1일 × 8시간	17,225원 × 5일 × 8시간	18,182원 × 5일 × 8시간	19,139원 × 6일 × 8시간	19,139원 × 6일 × 8시간
2025년 기준 청구 가능 금액					3,253,624원

포괄임금에 연차수당을 포함해서 지급하는 경우

01 / 유효한 포괄임금제

사용자와 노동자 간 포괄임금에 대한 합의가 있다고 해서 바로 그 합의에 따라 법적 효력이 인정되는 것은 아니다. 포괄 임금은 근로기준법이 예정하는 임금 지급방식이 아니므로 근로기준법에 의한 산정방식에 비해 그 결과가 노동자에게 불리해서는 안 된다. 노동자에게 불리한지? 여부를 판단함에 있어서 먼저 고려해야 할 요소는 근로시간 산정이 어려운 경우인지 여부이다.

실제로 근무하는 시간인 실근로시간을 산정하기 어려운 경우에 해당한다면 근로시간을 기준으로 임금을 산정하는 근로기준법에 의한 산정방식에 비해 불리한지? 여부를 판단하기는 실제로 매우 어렵다. 이런 경우 판례는 당사자의 합의를 존중하여 특별한 사정이 없는 이상 계약 그대로의 효력을 인정한다.

그러나 실근로시간 산정이 어려운 경우가 아님에도 불구하고 포괄임금 계약을 한 경우에는 실근로시간을 기준으로 근로기준법에 의한 산정방식으로 산정해보고 약정한 포괄임금이 이보다 낮아 노동자에게 불리할 때는 불리한 부분만 무효라고 하게 된다. 즉 근로자에게 유리한 원칙이 적용된다.

사용자가 근로계약을 체결할 때는 근로자에 대하여 기본임금을 결정하고 이를 기초로 각종 수당을 가산하여 합산 지급하는 것이 원칙이다. 그러나 사용자와 근로자가 기본임금을 미리 정하지 아니한 채 법정수당까지 포함된 금액을 월급여액이나 일당 임금으로 정하거나 기본임금을 미리 정하면서도 법정 제 수당을 구분하지 아니한 채 일정액을 법정 제 수당으로 정하여 이를 근로시간 수와 관계없이 지급하기로 약정하는 내용의 이른바 포괄임금제에 의한 임금 지급계약 또는 단체협약을 한 경우 그것이 근로기준법이 정한 기준에 미치지 못하는 근로조건을 포함하는 등 근로자에게 불이익하지 않고 여러 사정에 비추어 정당하다고 인정될 때에는 유효하다(대법원 2022. 2. 11. 선고 2017다238004 판결).
또한 묵시적 합의에 의한 포괄 임금 약정이 성립하였다고 인정하기 위해서는 근로형태의 특수성으로 인하여 실제 근로시간을 정확하게 산정하는 것이 곤란하거나 일정한 연장·야간·휴일근로가 예상되는 경우 등 실질적인 필요성이 인정될 뿐 아니라, 근로시간, 정하여진 임금의 형태나 수준 등 제반 사정에 비추어 사용자와 근로자 사이에 그 정액의 월급여액이나 일당 임금 외에 추가로 어떠한 수당도 지급하지 않기로 하거나 특정한 수당을 지급하지 않기로 하는 합의가 있었다고 객관적으로 인정되는 경우이어야 할 것이다(대법원 2016. 10. 13. 선고 2016도1060 판결 참조).

02/ 포괄임금에 연차수당을 포함해서 지급가능

연차수당까지 월급에 포함해 지급하기로 하는 포괄임금 약정을 설립했다고 볼 것이라면(근로계약서에 기본급과 포괄 일당에는 연차수당 등 각종 법정수당이 차지하는 비율이 법정수당별로 명시되어 있어야 한다.), 월급에 포함돼 지급된 연차수당이 근로기준법이 정한 기준에 따라 산정된 정당한 연차수당액에 미달한 부분에 한해 포괄임금 약정이 근로자에게 불이익해 무효라고 판단한다(대법원 2023. 11. 30. 선고 2019다29778 판결). 즉 포괄 임금 계약 자체가 합법적이라면 연차수당이 포함된 근로계약을 체결할 수 있다. 다만 해당 연차수당은 근로기준법에서 정한 연차휴가 수당보다 근로자에게 불리하면 안 된다. 근로기준법에서 정한 연차휴가 수당(연차휴가 수당 청구권이 발생한 월의 1일 통상임금액에 미사용 연차휴가 일수를 곱한 금액) 보다 적게 지급한 경우는 모자라는 수당을 추가로 지급해야 한다.

결론은 포괄임금에 연차수당을 포함할 수는 있지만

① 월급에 포함되어 지급된 연차수당액이 근로기준법이 정한 기준에 따라 산정된 정당한 연차수당액에 미달하지 않고,

② 미리 연차휴가 미사용수당을 지급하였다고 하더라도 근로자가 연차휴가를 청구하는 경우 허용한다면 연차수당을 포함한 포괄임금제는 유효하다.

구분	연차수당 지급
합법적인 포괄임금 약정이 아닌 경우	근로시간의 산정이 어려운 경우가 아니라면(일반적으로 사무직) 근로기준법상 연차수당산정의 원칙에 따라 계산한다.
합법적인 포괄임금 약정인 경우	포괄임금 약정이 성립한다면 포괄임금에 포함된 정액의 연차수당이 근로기준법이 정한 기준에 따라 산정된 연차수당에 미달한다면 사용자는 근로자에게 근로기준법에 의해 계산한 연차수당에 미달하는 수당을 지급해야 한다. MAX(근로기준법상 연차수당, 포괄임금에 포함된 연차수당)

연차수당이 근로기준법에서 정한 기간을 근로하였을 때 비로소 발생하는 것이라 할지라도 당사자 사이에 미리 그러한 소정 기간의 근로를 전제로 하여 연차수당을 일당 임금이나 매월 일정액에 포함하여 지급하는 것이 불가능한 것이 아니며, 포괄임금제란 각종 수당의 지급 방법에 관한 것으로서 근로자의 연차휴가권의 행사 여부와는 관계가 없으므로 포괄임금제가 근로자의 연차휴가권을 박탈하는 것이라고 할 수 없다(대법원 1998.3.24. 선고 96다24699).

원고들의 근로시간을 산정하기 어렵다고 볼 수 없는 이 사건에서 원심이 원고들과 피고 사이에 연차수당까지 월급에 포함하여 지급하기로 하는 포괄임금 약정이 성립하였다고 볼 것이라면, 포괄임금 약정에서 연차수당을 포함한 부분 전부를 무효로 보아서는 아니 되고 월급에 포함되어 지급된 연차수당액이 근로기준법이 정한 기준에 따라 산정된 정당한 연차수당액에 미달한 부분에 한하여 포괄임금 약정이 근로자에게 불이익하여 무효라고 판단하였어야 한다(대법2019다29778, 선고일자 2023.11.30.).

포괄임금제에서 연차 사용 시 고정수당 차감

월 전체에 발생하게 될 시간외근로(연장, 야간, 휴일근로) 시간이 측정하기 어렵고 또 월마다 시간이 고정적이지 않아서 평균적으로 예상된 시간을 고려하여 포괄적으로 시간외근로수당을 설정해둔 포괄임금제 형태의 임금 계약은 매월 일정한 시간을 고정으로 초과 근무한 것으로 보고 그 시간에 해당하는 임금을 미리 지급하겠다는 내용의 약정을 의미하는바, 실제 고정적으로 정한 초과근로시간에 미달하는 초과근로를 하였다 하더라도 시간외근로수당을 월 급여에서 공제할 수는 없다.

그러나 만일, 월 전체 예정 되어 있는 시간외근로(연장, 야간, 휴일근로) 시간이 고정적 이어서 시간외근로에 해당하는 가산수당 역시 예정된 시간과 맞추어 시간외근로수당을 설정해 놓은 것이라면 출근하지 않은 날은 시간외근로수당을 차감하고 지급해도 무방하다. 사실이 경우는 포괄임금제가 아니며 시간외근로수당 사전약정에 해당한다.

중도 퇴사자의 연차수당 지급

중도에 퇴사하는 경우는 금품 정산을 해야 하므로 미사용 연차의 총 일수(전전년도 분과 전년도 분)를 수당으로 지급해야 한다. 단, 사용 가능일 수가 없는 상황에서 퇴직하는 경우 회사에서 휴가를 주고 싶어도 못 주는 상황이 되므로 사용 가능 일수가 부족한 일자에 대한 수당은 지급하지 않아도 된다는 실무상 의견이 있기는 하나 고용노동부 등에서는 사용 가능 일수와 관계없이 수당을 지급해야 한다고 보고 있다.

앞에서 사용 가능일 수가 없다는 내용에 대해 해설을 하면 딱 1년이 되는 날 15개 또는 26개의 연차가 발생하는데, 발생과 동시에 퇴직하는 경우를 생각해 보자

예를 들어 2024년 9월 28일 입사해서 2025년 9월 28일 퇴사하는 경우 15일 또는 26일의 연차가 발생한다.

이를 1년간 사용해야 하는데, 2025년 9월 28일 퇴사로 인해 발생한 연차휴가를 사용 가능 한 날이 하루도 없다. 연차수당으로 지급하기 싫은 회사로서는 네가 퇴직함으로 인해 연차휴가를 사용할 수 없으

니 안 줘도 된다는 입장이라는 것이다.

결과적으로 사용 가능일 수가 없다는 것은 이미 연차는 발생했는데, 퇴직으로 인해 근로관계가 종료됨으로 사용할 수 있는 날짜가 없다는 것이다.

하지만 발생한 연차휴가에 대해서는 사용 가능일 수가 없어도 잔여 연차휴가에 대해서는 연차수당을 지급해야 하며, 연차수당의 지급 대신 잔여 연차휴가를 사용하고 퇴사하도록 할 수도 있다.

연차수당을 월급에 포함해서 미리(선) 지급해도 되나?

연차유급휴가 미사용수당은 휴가 청구권이 소멸한 시기에 미사용 일수에 대한 통상임금을 기준으로 지급해야 하는 것이 원칙이나, 일부 업종의 경우 휴가 청구권이 발생한 시기에 수당을 미리 선지급하고 있다.

근로계약서에 따라 선지급할 수 있다. 다만, 선지급을 이유로 연차휴가를 사용하지 못하게 하는 경우라면 법 위반이다.

즉, 월급여액 등에 연차유급휴가 미사용수당을 포함하여 미리 지급하기로 근로계약 등으로 정한 경우라면 그 수당을 지급한 이후에도 해당 근로자가 연차유급휴가를 청구하면 사용할 수 있도록 허용하는 경우에 한하여 해당 근로계약은 인정될 수 있다.

예를 들어 2024년 1월 1일~12월 31일 사이 80% 이상 출근하여 2025년 1월 1일에 연차휴가 15일이 발생하는데, 이를 2025년 1월 1일~12월 31일 사이에 사용하지 않는 경우를 가정하여 15일분에 대한 연차수당을 12개월로 쪼개어 2025년 임금에 미리 지급하는 경우이다. 즉, 매월 급여에 연차수당을 포함해서 지급하는 경우이다.

이는 근로계약상 가능하나 다만, 위에서 언급했듯 근로계약 등으로 정하여 미사용 수당을 선지급한 이후에 연차수당을 월급에 포함해 미리 지급했다는 이유로 휴가 사용을 허용하지 않는 경우 근로기준법에 따라 근로자에게 인정되는 연차유급휴가의 사용 권리를 제한한 것이 되어 인정될 수 없다(근로개선정책과-2022, 2011.7.4. 등).

그러나 사용한 연차유급휴가에 대해서 월급에 포함해 선지급한 미사용수당을 해당 월의 임금에서 공제할 수는 있다.

주의해야 할 점은 미사용수당은 원칙적으로 연차유급휴가 발생일로부터 1년 후 지급되는 임금으로 그 지급기준을 최종 휴가 청구권이 있는 달의 통상임금을 기준으로 산정되어야 하는데, 선지급한 월 이후에 통상임금의 변동(상승의 경우)이 발생하게 되면 그 차액은 최종 휴가 청구권이 있는 다음날 임금 지급일에 추가로 지급해야 한다(근로개선정책과-3077, 2012.6.13.).

구 분	연차수당의 선지급
원 칙	휴가 청구권이 있는 마지막 달의 통상임금으로 지급해야 한다. 연차유급휴가 청구권이 소멸한 날의 다음 날에 연차유급휴가 미사용수당을 지급하여야 함(2007.11.5., 임금근로시간정책팀-3295).
예 외	1. 조건 ❶ 월급에 포함해서 매달 지급한다는 근로계약의 체결 ❷ 선지급을 이유로 연차휴가 사용을 제한해서는 안 된다. 단, 사용분에 대해서는 급여에서 차감할 수 있다. 2. 주의할 점 월급에 포함해서 매달 지급하는 금액이 휴가 청구권이 있는 마지막 달 기준 통상임금. 즉 원칙에 의한 통상임금보다 적어서는 안 된다. 따라서 급여가 하락한 경우는 문제가 없으나 급여가 상승한 경우는 그 상승분에 대해 연차수당을 추가 지급해야 한다. 매년 최저임금이 상승하므로 급여는 상승할 가능성이 크다.

퇴직금(DB형 포함) 계산 시 연차수당(평균임금)의 계산 방법

연차수당도 상여금과 같이 3개월분을 포함해야 한다.

연차수당은 전전연도에 발생한 연차수당 보상 분을 퇴직금의 평균임금에 산입하고, 퇴사와 동시에 발생하는 연차수당은 퇴직금 산정에서 제외한다.

01 / 퇴직하기 전 이미 발생한 연차휴가 미사용수당

퇴직 전전연도 출근율에 의해서 퇴직 전년도에 발생한 연차유급휴가 중 미사용하고 근로한 일수에 대한 연차유급휴가 미사용 수당의 3/12을 퇴직금 산정을 위한 평균임금 산정 기준임금에 포함한다.

02 / 퇴직으로 인해 발생한 연차휴가 미사용수당

퇴직으로 인해 비로소 지급 사유가 발생한 연차유급휴가 미사용 수당 즉 퇴직 전 연도 출근율에 의해서 퇴직 연도에 발생한 연차유급휴가를 미사용하고 퇴직함으로써 비로소 지급 사유가 발생한 연차유급휴가 미사용 수당은 평균임금의 정의상 산정 사유 발생일 이전에 그 근로자에 대해서 지급된 임금이 아니므로, 퇴직금 산정을 위한 평균임금 산정 기준임금에 포함되지 않는다.

구 분		처리방법
월 단위 연차휴가 : 근로자가 입사하여 2년 차(1년 이상 2년 미만 근로)에 퇴직하는 경우는 최초 1년의 근로가 끝난 다음 날 발생하는 월차수당 금액의 3/12을 퇴직금 산정을 위한 평균임금 산정 기준임금에 산입한다.		3/12을 퇴직금 계산을 위한 평균임금에 가산
연 단위 연차휴가	전년도 발생 연차휴가를 당해연도 사용 도중 퇴사로 인해 지급하는 연차수당	퇴직금 계산에 미포함
	전전년도 발생 연차휴가를 전연도에 미사용해 당해연도에 지급해야 하는 연차수당 중 당해연도 퇴직으로 인해 받아야 하거나 받은 연차수당	3/12을 퇴직금 계산을 위한 평균임금에 가산

구분	입사일로부터 1년간	입사일로부터 1년~2년	입사일로부터 2년~3년
월차	월 단위 연차휴가 11일 사용	❶ 월 단위 미사용 연차수당 발생(입사일 기준 회계연도 기준 동일) : 미사용 연차수당의 3/12을 퇴직금 계산에 포함	
연차		❷ 연 단위 연차휴가 15일 발생 사용 : 퇴직으로 미사용 연차휴가에 대한 수당을 지급하는 경우 퇴직금 계산에 미포함	연 단위 연차휴가 15일 미사용수당 지급 : 퇴사 시 3/12을 퇴직금 계산에 포함

1. 입사일로부터 1년~2년 사이에 퇴직 : 입사일로부터 1년이 지나면 월 단위 연차휴가 11일 중 미사용분에 대한 연차수당이 발생 : ❶ × 3/12을 퇴직금 계산 시 포함

구분	입사일로부터 1년간	입사일로부터 1년~2년	입사일로부터 2년~3년

2. 입사일로부터 2년~3년 사이에 퇴직 : 입사일로부터 1년이 지나면 연 단위 연차휴가 15일이 발생하고, 2년이 지나면 미사용 연차휴가에 대한 연차수당이 발생한다. 이 경우 1년~2년 사이에 발생한 연차휴가(❷)를 사용하던 중 퇴사로 인해 연차수당을 지급한 것이면 퇴직금 계산에 포함하지 않는다.

반면 1년~2년 사이에 발생한 연차휴가(❷)를 미사용한 경우 2년~3년 되는 시점에 연차수당으로 지급하는데 이 경우는 3/12을 퇴직금 계산에 포함한다.

가. 1년 + 1일 : 연차휴가 15일 발생

나. 1년~2년 : 연차휴가 사용(퇴사로 인해 연차수당을 지급하는 경우 미포함)

다. 2년~3년 : 연차수당 지급(3/12을 퇴직금 계산에 포함)

다만, 사업장에서 적법하게 연차휴가 사용촉진을 하였음에도 근로자가 연차휴가를 사용하지 않은 경우라면 사용자는 그 사용하지 않은 휴가에 대해서 보상할 의무가 없는바, 이 경우 보상할 연차휴가 미사용 수당이 없다면 평균임금 산정에 포함하지 않는다.

DC형 퇴직연금 계산 시 연차수당의 임금 총액 포함 문제

근로자가 연차유급휴가를 사용하지 못하게 됨에 따라 사용자에게 청구할 수 있는 연차휴가 미사용 수당은 임금에 해당한다(대법2011다4629, 2013.12.26.). 따라서 재직 시 지급받는 연차휴가 미사용수당은 물론 근로자의 퇴직으로 인해 비로소 지급 사유가 발생한 연차유급휴가 미사용수당도 DC형 퇴직연금 부담금 산정 시 산입해야 한다(퇴직연금복지과-3396, 2017.08.11.).

주중에 연차휴가 사용 시 주휴수당
(주중에 공휴일이 있는 경우 주휴수당)

01 / 주중에 연차휴가 사용 시 주휴수당

연차휴가는 소정근로일을 개근한 경우 발생한다. 따라서 월요일부터~금요일까지 모두 연차유급휴가 5일을 사용한 경우는 연차휴가를 사용한 기간을 출근한 것으로 간주한다고 하더라도 월~금요일까지 소정근로일수가 없는 경우라면 개근이 발생할 전제가 없으므로 유급주휴일도 발생하지 않는다. 반면 화요일부터~금요일까지 연차휴가를 사용한 경우 월요일 소정근로일이 존재하며, 월요일 개근 시 유급주휴일이 발생한다.

참고로 주 6일 즉 월요일~토요일을 소정근로일로 하는 사업장의 경우 월~금요일까지 연차휴가를 사용한 후 토요일 개근 시에는 유급주휴일이 발생한다.

02 / 주중에 공휴일이 있는 경우 주휴수당

공휴일을 휴일로 정하고 있다면 그날은 출근 의무가 없는 날이므로 결근으로 볼 수 없으며, 노는 날을 제외한 근무일 개근 시 주휴수당을 지급해야 한다.

예를 들어 금요일이 국경일인 경우 월~목요일까지 개근을 한 경우 유급 주휴수당을 지급해야 한다.

03 / 연차휴가 사용 시 주휴수당의 계산

연차휴가나 주중 공휴일이 끼어 주휴수당을 계산할 때, 주휴수당을 출근한 소정근로일에 비례해서 지급하는 것이 아니라 평상시 일반적으로 지급하는 주휴수당 전체금액을 지급해야 한다.

예를 들어 월요일 연차휴가 또는 공휴일로 인해 주 5일 중 4일만 출근한 경우라도 4일을 기준으로 주휴수당을 지급하는 것이 아니라 평상시와 같이 5일을 기준으로 주휴수당을 지급한다. 즉 주급 45만 원일 경우 평상시 주휴수당과 같이 45만 원 ÷ 5일 = 9만 원을 지급해야지, 연차휴가 또는 공휴일로 인해 4일만 근무했다고 45만 원 ÷ 5 × 4/ 5 = 72,000원만 지급하면 안 된다.

구 분	주휴수당
주중 연차휴가를 사용한 경우 주휴수당	주중 일정 요일 연차휴가를 사용한 경우 나머지 소정근로일에 근로를 한 때는 주휴수당이 발생한다.
연차휴가를 1주일간 사용한 경우 주휴수당	월~금요일까지 1주일 소정근로일 전부를 연차휴가를 사용했을 때는 주휴수당이 발생하지 않는다. 물론 월 공휴일, 화~금 연차휴가를 사용한 경우도 주휴수당은 발생하지 않는다.

일	월	화	수	목	금	토
	1	2	3	4	5	6
7	8	9	10	11	12	13
14	15	16	17	18	19	20
21	22	23	24	25	26	27
28	29	30	31			

위에서 8일~12일까지 연차휴가 사용한 경우 14일 주휴수당 미발생

[예시]

일	월	화	수	목	금	토
	1	2	3	4	5	6
7	8	9	10	11	12	13
14	15	16	17	18	19	20
21	22	23	24	25	26	27
28	29	30	31			

위에서 12일, 15일~18일까지 연차휴가 사용한 경우 8일~11일 및 19일 개근 시 14일 주휴수당 및 21일 주휴수당 발생. 단 8일~11일 중 결근일이 있는 경우 14일 주휴수당 미발생, 19일 결근 시 21일 주휴수당 미발생

[예시]

일	월	화	수	목	금	토
	1	2	3	4	5	6
7	8	9	10	11	12	13
14	15	16	17	18	19	20
21	22	23	24	25	26	27
28	29	30	31			

위에서 9일~15일까지 코로나 격리로 인해 연차휴가를 사용한 경우 연차휴가일수는 5일이 되고, 8일 개근 시 14일 주휴수당과 16일~19일 개근시 21일 주휴수당은 발생한다. 따라서 14일과 21일 주휴수당을 급여에서 차감하면 안 된다.

연차수당의 원천징수

01 / 정상적인 연차수당의 신고

법인이 사규 등에 익하여 연차수당에 대한 지급기준을 정하고, 이에 따라 지급하는 연차수당의 손금 귀속 사업연도는 근로자별로 그 지급할 금액이 확정된 날이 속하는 사업연도로 하는 것으로, 당초 연차수당 지급기준에 해당해서 지급할 금액이 확정된 경우는 당초 각각의 지급이 확정된 날이 속하는 사업연도의 손금으로 산입함이 타당하다. 즉 연차수당의 귀속시기는 지급일이 아닌 지급의무가 확정되는 때를 기준으로 한다. 즉 2025년 12월 31일 기준 연차수당 지급이 확정된 경우 비록 지급을 2026년 1월에 한다고 해도 2025년 연말정산 소득에 포함해 연말정산을 해야 한다. 즉, 법인이 근로자에게 지급하는 연차수당을 매년 12월 31일을 기준일로 하여 계산하고 지급은 익년 1월에 하는 경우 동 연차수당에 대한 법인세법상 손금의 귀속 사업연도는 그 기준일이 속하는 사업연도로 하는 것임(소득, 서이 46013-1 0270, 2003.02.06.)

02 / 연차수당을 빼고 중도 퇴사자 연말정산

원천세 신고 시 2025년도에 발생한 근로소득과 연차수당을 합산하여 중도 퇴사자 연말정산을 재정산하여 납부할 세액을 계산하는 것이고 당초 중도 퇴사 연말정산을 한 내용을 수정신고하는 것이 아니며 근로소득 기제출한 지급명세서를 재정산 내용으로 수정하여 제출하면 된다.

물론 해당 퇴사자에게 변경된 원천징수영수증을 재발행한다.

수정신고를 하는 것이 아니란 말은 추가 지급 연차수당에 대해 수정신고를 안 하고 지급일이 속하는 달 원천징수이행상황신고서 A01에 연차수당을 넣어주고 A02에 소득세(재 연말정산 한 소득세)를 기재해서 신고하면 된다.

12월 귀속 1월 지급으로 작성하면 된다.

그리고 연말정산 지급명세서는 수정신고 해줘야 한다는 말은 결국은 중도 퇴사자 연말정산은 다시 해서 변경된 내역에 따라 지급명세서를 재교부해야 한다는 의미이다. 즉 연차수당의 증가로 해당 근로자의 급여가 변경되었으므로 변경된 급여를 기준으로 연말정산을 다시 해 변경된 내역으로 지급명세서를 수정하고 퇴사자에게 다시 교부해줘야 한다.

이 경우 가산세(원천징수납부불성실, 지급명세서제출불성실)는 부과되지 않는다.

금요일 근무 후 퇴직 시 급여, 주휴수당, 퇴직금, 연차수당

▼

매월 마지막 주 금요일이 월말에 해당하면 퇴직일은 계속근로연수에 포함되지 않으므로 마지막 근무일을 언제로 보느냐에 따라 향후 급여정산, 연차유급휴가 일수 및 퇴직금(퇴직연금) 산정 시 퇴직 처리하는 1일로 인하여 연차휴가 발생일수 및 퇴직금(퇴직연금) 지급대상 여부가 달라질 수 있는바 세밀한 인사노무관리가 필요하다.

고용노동부 행정해석 : 2000.12.22, 근기 68201 - 3970

근로자의 퇴직은 근로계약의 종료를 의미하는 것으로서 퇴직일은 근로기준법 제34조에 규정한 계속근로연수에 포함되지 아니하는 것이 타당하다.

근로자가 당일 소정근로를 제공한 후 사용자에게 퇴직의 의사표시를 행하여 사용자가 이를 즉시 수리하였더라도 "근로를 제공한 날은 고용종속 관계가 유지되는 기간"으로 보아야 하므로 별도의 특약이 없는 한 그다음 날을 퇴직일로 간주한다.

---

01 / 급여정산

월 마지막 주 금요일에 퇴직하는 근로자 중 예를 들어 2025년 5월

30일(금)까지 출근하고 퇴직하는 경우 실무적으로 2025년 5월 30일 (금)의 경우 2025년 5월 31일(토)까지 근무한 건으로 간주하여 5월 급여를 전액 지급하고 있다.

실질적으로 출근한 마지막 날이 30일(금)이므로 5월 급여를 전액 지급하고 있는데, 이 경우 매월 마지막 주 근무일이 며칠인지? 어느 요일인지? 에 따라 실질적으로 근무하지 않더라도 1일의 급여를 지급하는 경우가 발생하는바 퇴직일의 원칙과 예외에 대해서 살펴보도록 하겠다.

↗ 원칙

월말 마지막 주 최종 근로제공일인 금요일(2025년 5월 30일(금))까지는 근로를 제공하여 이날까지 근무한 것에 대한 월 급여는 일할계산 (30일 분)하여 지급하는 것이 원칙이며, 익일인 토요일(2025년 5월 31일)의 경우 단지 퇴직일에 불과하고 고용관계가 유지되는 기간이 아니므로 임금지급 의무는 없다고 할 것이다.

↗ 예외

그러나 실무적인 처리에서는 관행적으로 퇴직자가 월말 마지막 주 금요일(2025년 5월 30일(금))까지 근무하고 퇴직하는 경우임에도 불구하고 회사에서는 2025년 5월 31일까지 근무한 것으로 간주하여, 퇴직 처리함에 따라 31일분의 월 급여를 지급하는 것은 유리 조건 우선의 원칙에 의거 법적 위반사항에는 해당하지 않는다고 사료된다.

02 / 주휴수당의 지급

근로기준법 제55조에 의하면 주 소정근로일을 만근한 근로자에게 1일의 유급 주휴수당을 지급하도록 규정되어 있다.

일반사업장의 경우 주휴일이 일요일이므로, 주휴수당은 해당주의 소정근로일을 만근하였을 경우 일요일을 유급휴일로 하여 주휴수당이 발생하게 된다.

그러나 퇴사일이란, 근로계약 관계가 종료된 날을 말한다. 따라서 금요일까지 실제 근로를 제공하였다면 퇴직일은 마지막 근로일의 다음 날인 토요일이다. 이런 경우 금요일까지 근로 제공에 대한 임금을 지급(월말 마지막 주 금요일의 경우 관행적으로 1달 전액 지급)해야 하며, 퇴직금 계산을 위한 평균임금 역시 마지막 근로일(금요일)까지의 근로제공에 대한 대가로서의 임금까지 계산한다. 퇴직일인 토요일 이후에는 근로계약 관계가 성립하지 않으므로 임금(주휴수당)이 발생하지 않는다.

따라서, 금요일이 마지막 근로일의 경우 퇴사일은 토요일이 되므로 주휴수당은 발생하지 않는다. 다만, 퇴사일이 월요일일 경우 주휴수당이 발생한다.

03 / 금요일 퇴직 시 퇴직금과 연차수당

앞서 말한 바와 같이 퇴사일에 대한 처리방식을 취업규칙이나 근로계약에 별도로 정한 바가 없다면 해당 근로자가 마지막으로 출근하여 근로를 제공한 날의 다음 날이 퇴사일이 된다.

따라서 주 소정근로시간이 40시간이며, 주휴일이 일요일인 사업장에 해당 근로자가 금요일까지 출근하여 근로를 제공한 경우 토요일이 퇴사일이 된다. 또한, 주휴일을 부여하는 시점에서 근로계약 관계가 유지되고 있지 않은 만큼 별도의 정함이 없다면 해당 주에는 주휴일을 부여할 의무는 없다.

퇴직금 산정 시 계속근로기간 역시 동일하게 마지막으로 출근한 다음 날을 퇴사일로 하여 계속근로기간이 1년인지 여부를 확인하면 된다. 가령, 1월 1일 입사 근로자의 경우 12월 31일까지 근로를 제공했다면 해당 근로자의 퇴사일은 1월 1일이 되며 1월 1일~12월 31일까지 계속근로기간이 1년 이상이 되기 때문에 퇴직금을 지급받을 수 있게 된다. 반면 1월 2일 입사 근로자의 경우 12월 31일까지 근로를 제공했다면, 해당 근로자의 퇴사일을 1월 1일이 되며 1월 2일~12월 31일까지 계속근로기간이 1년에서 하루가 모자라 퇴직금을 지급받을 수 없다.

> **2023년 3월 1일 입사, 2024년 2월 29일까지 근무 후 퇴사 시 연차수당을 받을 수 있을까요? 29일과 1일이 주말(윤년이 낀 특이한 경우)**

해설

퇴직 일자에 대해 별도의 합의(예 : 3월 1일 자 퇴직 등)를 하지 않는다면, 마지막 근로일 다음 날이 퇴직일에 해당하므로, 2월 29일 자로 퇴직을 하게 되며 이 경우 연차휴가는 발생하지 않고 따라서 수당도 발생하지 않는다(임금근로시간정책팀-343, 2008.02.05.).

2023년 3월 1일부터 2024년 3월 1일까지 근무 시 1년 + 1일을 근무한 것으로, 출근의무일의 80% 이상 근무 시는 15일의 연차휴가가 발생한다.

그러나 2024년 2월 29일 근무 후 퇴사 시에는 2월 29일이 퇴사일로 1일 차이로 연차 휴가가 발생하지 않는다. 물론 퇴직금은 발생한다(원칙).

그러나 회사에서 지급한다고 해서 법 위반에 해당하지는 않는다(예외).

연차수당 청구권의 소멸시효

근로기준법(60조 7항)은 연차휴가는 1년간 행사하지 않으면 소멸한다고 정하고 있다. 대법원은 연차휴가 미사용수당 청구 시점은 마지막 근무일 다음 날이 아니라 휴가권을 취득한 후 1년이 지나 '휴가가 소멸한 다음 날'이라고 정리했다. 이에 따르면 2024년 7월 21일~2025년 7월 20일 근무에 대한 연차휴가 미사용수당 청구권은 2025년 7월 21일에 발생하는 게 아니라, 2026년 7월 21일이 된다. 2029년 7월 20일에 시효가 소멸하기 때문에 그전에 제기한 소송은 효력을 갖게 된다.

대법원은 "근로기준법 60조에 정한 연차유급휴가권을 취득한 근로자가 휴가권이 발생한 때부터 1년 이내에 연차유급휴가를 사용하지 못하게 됨에 따라 발생하는 연차휴가 미사용수당도 그 성질이 임금"이라며 "같은 법 49조 규정에 따라 연차휴가 미사용수당 청구권에는 3년의 소멸시효가 적용되고, 그 기산점은 연차유급휴가권을 취득한 날부터 1년의 경과로 그 휴가의 불 실시가 확정된 다음 날이다"고 판시했다.

즉, 2024년 6월 5일~2025년 6월 4일 근무기간에 대해 2025년 6월 5일~2026년 6월 4일까지 1년간 연차휴가를 사용할 수 있고, 이 기간 중에 미사용한 연차휴가는 2026년 6월 5일에 소멸되고 연차수당을 청구할 권리가 발생한다.

원칙상 회사는 2026년 6월 5일에 연차수당을 지급해야 한다.

퇴직한 근로자의 경우, 전년도 출근율에 의해 퇴직 년에 발생한 연차 유급휴가 청구권이 근로관계가 종료됨에 따라 발생하는데 이 경우 사용자는 퇴직 연도의 휴가 사용 가능 일수와 상관없이 미사용한 연차유급휴가에 대하여 퇴직일로부터 14일 내 지급해야 한다.

또한, 퇴직하면 연차 사용기한은 종료되나 미사용한 연차유급휴가에 대한 연차수당 청구권이 발생하므로, 발생 시점 3년 이내 연차 수당을 청구할 수 있다. 다시 말해 퇴사 시점에 연차수당 청구권이 발생함으로 미지급된 연차수당이 있다면 퇴사 날로부터 3년 이내 청구하고, 받을 수 있다(근로기준법 제49조 임금의 시효).

다만, 근로기준법 제 61조와 같이 사용자가 근로기준법에 따른 연차유급휴가 사용 촉진을 한 경우에는 연차유급휴가 미사용 수당 청구권이 소멸한다.

제5장

연차 관련 FAQ

Q. 연차휴가는 법으로 보장되는 권리인가요?

Q. 연차휴가는 언제 발생하나요?

Q. 파트타임 근로자도 연차휴가를 받을 수 있나요?

Q. 연차휴가 사용 시기는 언제 정하나요?

Q. 연차휴가 중에 회사에서 연락이 오면 응대해야 하나요?

Q. 연차휴가 미사용 시 손해배상을 청구할 수 있나요?

Q. 육아휴직 중에는 연차가 발생하나요?

Q. 연차휴가는 법으로 보장되는 권리인가요?

근로기준법에서 상시근로자 5인 이상 사업장은 근로자의 연차휴가 사용 권리를 보장하고 있으며, 빨간 날 쉰다고 해당 연차휴가를 차감할 수 없다.

Q. 연차휴가는 언제 발생하나요?

상시근로자수 5인 이상인 사업장의 근로자는 근로 형태와 상관없이 1년간 계속 근무한 근로자에게 출근율이 80% 이상이 경우 15일의 유급휴가를 줘야 한다. 단, 1년 미만 근무한 경우 1개월 개근 시 1일의 유급휴가가 발생한다.

❶ 상시근로자수 5인 이상인 사업장이어야 한다.

❷ 아르바이트, 일용직, 단시간근로자 등 근로 형태와 상관없이 동일하다. 다만 연치휴가일수는 같지만 1일 근무시간에 따라 총시간은 차이가 있다.

❸ 연 단위 연차휴가는 출근율이 80%, 월 단위 연차휴가는 출근율이 100%여야 한다.

❹ 연 단위 연차휴가는 365일 + 1일, 월 단위 연차휴가는 1달 + 1일까지 근무해야 한다. 즉 출근한 날짜와 같은 날짜까지 근무해야 한다.

Q. 파트타임 근로자도 연차휴가를 받을 수 있나요?

파트타임 근로자도 근무 기간에 따라 연차휴가를 받을 수 있다. 즉 근무 형태와 상관없이 조건만 충족하면 연차휴가를 부여해야 한다.

Q. 연차휴가 사용 시기는 언제 정하나요?

원칙적으로 근로자가 사용 시기를 정할 수 있지만, 회사의 사정에 따라 사용 시기를 조정할 수 있다. 다만, 근로자의 의견을 최대한 존중해야 한다.

Q. 연차휴가 중에 회사에서 연락이 오면 응대해야 하나요?

원칙적으로 연차휴가 기간에는 업무에서 벗어나 자유로운 시간을 보낼 수 있다. 다만, 회사의 업무상 중대한 사유가 있는 경우에는 응대해야 할 수도 있다. 하지만 업무지시는 할 수 없다.

Q. 연차휴가 미사용 시 손해배상을 청구할 수 있나요?

연차휴가 미사용 시 손해배상을 청구할 수 있나요?

회사가 근로자의 연차휴가 사용을 부당하게 제한한 경우는 손해배상을 청구할 수 있다.

Q. 육아휴직 중에는 연차가 발생하나요?

육아휴직 기간에도 연차가 발생한다.

육아휴직 후 복직하면 발생한 연차를 사용할 수 있다. 육아휴직 기간이 길어질수록 사용할 수 있는 연차 일수도 많아지는 셈이다.

육아휴직 기간은 출근한 것으로 간주하여 근속기간에 포함된다. 따라서 육아휴직을 사용한 기간만큼 근속기간이 늘어나고, 이에 따라 연차 발생 일수도 증가한다.

Q. 연차수당을 받을 수 있는 경우는 언제인가요?

연차수당은 근로자가 연차유급휴가를 사용하지 않고 남아 있는 경우, 회사가 그에 대해 지급하는 금전적 보상을 말한다. 일반적으로 근로자가 연차를 사용하지 않고 퇴직할 때 지급된다.

❶ 연차휴가 미사용 시 : 근로자가 연차휴가를 모두 사용하지 못하고 소멸된 경우 연차수당을 청구할 수 있다. 단 적법한 절차에 따라 연차휴가 사용 촉진을 한때는 지급하지 않아도 된다.

❷ 퇴직 시 : 퇴직 시 사용하지 못한 연차에 대한 수당을 청구할 수 있다.

❸ 회사의 귀책 사유로 연차 사용 불가 시 : 회사의 귀책 사유로 연차를 사용하지 못한 경우에도 연차수당을 청구할 수 있다.

Q. 연차수당은 어떻게 계산하나요?

연차수당 계산방식은 회사 내규에 따라 다를 수 있지만, 일반적으로 1일 통상임금을 계산하여 사용하지 못한 연차일수를 곱한다.

연차수당 = 연차미사용 일수 × 1일 통상임금

Q. 연차수당을 청구하려면 어떻게 해야 하나요?

먼저 회사의 취업규칙이나 인사 규정에 연차수당 청구 절차가 명시되어 있는지 확인한다.

회사에서 제공하는 양식이 있다면 해당 양식에 맞춰 청구서를 작성하고, 없다면 간단한 내용을 담아 작성한다.

작성된 청구서를 회사의 인사 담당자에게 제출한다.

연차수당 지급 시기는 언제인가요?

연차수당 지급 시기는 회사 내규에 따라 다르지만, 일반적으로 연차가 소멸하는 시점 또는 퇴직 시 지급된다.

Q. 연차수당에 세금이 부과되나요?

연차수당도 급여 일부로 간주하므로 소득세가 부과된다. 따라서, 연차수당에 대해서는 소득세를 원천징수 한 후 지급한다.

Q. 연차수당과 연차휴가의 차이점은 무엇인가요?

연차휴가는 근로자가 실제로 휴가를 사용하여 쉬는 기간을 의미하며, 연차수당은 연차를 사용하지 않고 남겨둔 휴가에 대해 금전적으로 보상받는 것을 의미한다. 연차휴가는 근로 중에 사용하는 반면, 연차수당은 퇴직 시 지급된다.

Q. 지각, 조퇴 및 외출을 연차에서 차감해도 되나?

지각, 조퇴, 외출을 이유로 연차를 바로 차감하는 것은 불가능하다. 다만 지각, 조퇴, 외출 시간을 합산해 1일 소정근로시간(일반근로자 8시간)이 되는 때는 1일의 연차휴가 차감이 가능하다.

그리고 이는 취업규칙에 따라 예외적인 경우가 있을 수 있지만, 근로자의 동의가 필요하다.

연차휴가에서 차감하지 않는 때는 지각, 조퇴는 무급 처리 즉 임금을 지급하지 않아도 된다.

Q. 개인 질병으로 휴직한 경우 연차 유급휴가 사용

97페이지를 참고하면 된다.

근로기준법에 따르면, 연차 유급휴가는 근로자가 법정에 따라 부여받는 것이며, 질병으로 인한 결근 시 연차 사용에 대한 명확한 법적 규정은 없다. 따라서, 연차 사용 여부와 관련한 세부 사항은 회사의 내규나 정책에 따른다. 즉 회사의 정책에 따라 달라질 수 있으며, 연차 사용을 요구할 수도 있고, 사용하지 않게 할 수도 있다.

개인적 질병으로 단기간 결근 시에는 우선 남은 연차에서 차감하고, 나머지 결근 일수는 급여를 차감하는 방식을 많이 사용한다.

일부 회사에서는 질병으로 인한 장기 결근 기간을 병가로 처리할 수 있다. 이 경우, 병가는 연차와는 별도로 관리되며, 연차를 사용하는 것과는 다르다.

연차 유급휴가는 매년 일정 기간 내에 사용하지 않으면 소멸할 수 있다. 따라서, 장기 결근 중에도 연차를 사용하지 않은 경우, 법적으로 정해진 시점에 연차가 소멸할 수 있다.

회사의 정책에 따라, 연차를 사용하지 못한 경우 연차를 이월할 수 있는 규정을 두고 있을 수 있다. 이 경우, 연차는 다음 해로 이월되어 사용할 수 있다.

결국은 회사의 인사 규정이나 근로계약서에 명시되어 있으면 이를 확인한 후 노사 합의가 필요한 문제다.

Q. (육아)휴직기간의 출근율 계산 방법

휴직 기간은 근로자가 업무에서 벗어나 있는 기간이므로 일반적으로 출근으로 간주하지 않는다. 따라서 휴직 기간은 출근율 산정 시 제외하는 것이 일반적이다.

하지만 모든 휴직이 동일하게 취급되는 것은 아니며, 휴직의 종류와 법령에 따라 출근율 산정 방식이 달라질 수 있다.

법령에서 명시적으로 출근한 것으로 간주하도록 규정되어 있는 경우에는 출근율 산정 시 포함될 수 있다. 예를 들어, 2018년 5월 29일 이후 개시된 육아휴직(육아휴직, 병가 등)은 출근한 것으로 간주하여 연차휴가 산정 시 포함된다(25페이지 참고).

법령에서 출근으로 간주하지 않는 경우는 출근율 산정 시 제외된다.

가장 일반적인 방법으로 서면 합의서에 명시된 소정근로시간을 기준으로 연차휴가를 산정한다. 즉 소정근로시간을 모두 채웠다고 간주하여 연차휴가를 부여한다.

일부 회사에서는 재량근로자의 출퇴근 시간을 기록하여 출근율을 산정하고, 이를 기반으로 연차휴가를 산정하기도 한다. 다만, 재량근로제의 특성상 출퇴근 시간 기록이 부정확할 수 있으므로, 소정근로시간 기준과 함께 활용하는 경우가 많다.

또 다른 일부 회사에서는 근로자의 업무 성과를 평가하여 연차휴가를 부여하기도 한다. 하지만 이 경우 성과 평가 기준이 명확하지 않거나 주관적일 수 있다는 문제점이 있다.

Q . 간주 근로시간제 연차 유급휴가 적용

간주 근로시간제를 도입하더라도, 근로기준법에서 정한 연차 유급휴가 부여 의무는 동일하게 적용된다. 즉, 1년간 80% 이상 출근한 근로자에게는 15일의 유급휴가를 부여해야 한다.

연차 유급휴가를 계산할 때는 실제 근무시간이 아닌, 간주 근무시간을 기준으로 한다. 예를 들어, 외근으로 인해 실제 근무시간은 4시간이지만, 간주 근무시간이 8시간이라면 8시간을 기준으로 연차를 계산한다.

출근율을 계산할 때도 마찬가지로 간주 근무시간을 기준으로 한다. 간주 근무시간이 소정근무시간의 80% 이상이라면 연차를 부여받을 수 있다.

예를 들어 소정근로시간이 주 40시간이고, 외근 간주 근로시간제를 도입한 경우, 1주일에 32시간(주 40시간의 80%) 이상 간주 근무시간이 인정된다면 연차 발생요건을 충족한다.

또한 재택근무를 하는 경우, 재택근무 시간을 모두 근무시간으로 간주하여 연차를 계산한다.

Q. 근로자 귀책 사유로 인한 정직 기간의 연차 유급휴가 부여

정직 기간에는 일반적으로 연차 유급휴가를 부여하지 않는다.

근로자의 귀책 사유에 의한 징계가 있어 근로를 제공하지 못한 경우(정직, 직무 정지 등) 해당 기간은 원칙상 소정근로일 수에 포함하되, 결근한 것으로 처리한다. 이렇게 처리함에 따라 출근율이 80%에 미달하는 경우는 1개월 단위별로 개근하였는지? 여부를 따져 1일씩의 연차휴가를 부여한다.

정직은 근로자가 회사에 대한 의무를 위반하여 받는 징계이다. 따라서 근무 의무가 면제되는 기간동안에는 연차 유급휴가를 부여하는 것이 타당하지 않다.

그러나 만약, 그 징계가 근로자의 회사 내 재심, 노동위원회 구제신청, 법원 소송 등을 통해 부당한 징계로 확정되면, 경영상 휴업이나 적법한 쟁의행위에 따른 기간과 같이 소정근로일 수에서 제외하고 나머지 소정근로일 수에 대한 출근율에 따라 비례적으로 연차휴가 부여 여부를 판단한다.

❶ 출근율이 80% 이상의 경우 : 통상의 경우에 따른 연차휴가(15일 + 가산 연차휴가)를 부여

❷ 출근율이 80% 미만의 경우 : 통상의 연차휴가에 소정근로일수에 대한 출근율에 따라 비례한 연차휴가를 부여한다.

계산식 = (15일 + 가산 연차휴가) × (9개월 ÷ 12개월)

Q. 입사 첫해에도 연차휴가가 발생하나요?

1개월 개근 시 1일의 유급휴가가 발생한다. 1년 미만 근무자는 1개월 동안 개근하면 1일의 연차가 발생한다. 예를 들어, 1월에 개근했다면 2월부터 1일의 연차를 사용할 수 있게 된다.

입사 첫해 1년 미만 근무자는 1개월 개근 시 1일씩 발생하며, 1년간 최대 11일까지 발생한다.

1년 이상 근무자와의 차이점은 1년 이상 근무한 직원은 1년 동안 80% 이상 출근하면 다음 해에 15일의 유급휴가가 발생한다.

2025년 1월 1일에 입사한 경우:

2025년 2월 1일부터 1일의 연차를 사용할 수 있다.

2025년 12월 1일까지 총 11일의 연차가 발생한다.

2026년부터는 1년 이상 근무자와 동일하게 15일의 연차가 발생한다.

Q. 수습기간 연차휴가는 일반 연차와 다르게 계산하나?

수습기간이든 정규기간이든 동일하게 1년 미만의 근로자가 매달 개근하면 매달 1일의 연차휴가가 발생한다.

예를 들어, 수습 인턴사원이 한 달 동안 출근을 모두 완료(개근)한 경우, 다음 달에 1일의 연차휴가를 사용할 수 있다.

연차휴가는 발생한 날로부터 1년 이내에 사용하지 않으면 소멸되거나 미사용 연차수당으로 지급될 수 있는 등 정상 근로와 모든 규정이 동일하게 적용된다.

수습 인턴사원의 연차휴가는 유급이다. 즉, 연차휴가를 사용한 날도 정상 출근한 것처럼 임금을 받을 수 있다.

만약 수습 인턴사원이 정규직 전환 없이 1년 미만으로 근무를 종료하는 경우, 해당 기간 동안 발생한 연차휴가는 정규직 전환 여부와 관계없이 적용된다.

수습 기간 동안 발생한 연차는 해당 기간 동안 사용할 수 있으며, 정규직으로 전환된 후에도 사용할 수 있다.

예를 들어 인턴사원이 3개월 동안 수습 인턴으로 근무하는 경우, 이 기간 동안 매달 1일씩 총 3일의 연차휴가가 발생한다. 이 연차는 수습 기간 중에도 사용할 수 있으며, 사용하지 않을 경우 수습 종료 후에도 입사일로부터 1년간 사용할 수 있다. 반면 수습기간종료와 함께 퇴직하는 경우 미사용 연차휴가에 대해서는 연차수당을 지급한다.

Q. 계열사 간 전보자 발생 시 연차휴가 계산

계열사 간 전보(이전) 시 연차휴가 근로계약의 승계 여부에 따라 달라진다. 전보는 같은 회사 내에서의 부서 이동과 달리, 계열사 간 이동이므로 근로계약의 승계 여부에 달려 있다. 근로계약이 승계되면 기존 근속기간이 인정되며, 이에 따라 계속 근로로 봐 연차휴가가 부여된다. 반면 전보 후 근로계약이 새로 체결된다면, 새로 입사한 것으로 봐 연차휴가를 다시 계산하게 된다.

만약 계열사 간 전보 시 기존 근로계약이 그대로 승계된다면, 이전 근무 기간이 계속 근속기간으로 인정된다. 이 경우, 이전 계열사에서 근무한 기간(계속 근무)을 포함한 근로기간에 대해 연차휴가를 계산한다. 즉 전보 전 연차 계산방식을 그대로 적용한다. 반면 근로계약이 승계되지 않고 새로운 계열사에서 새로운 계약을 체결하는 경우, 근로기간은 새로 시작된 것(신규입사와 동일)으로 간주된다. 이때는 새로운 계약 시점부터 연차휴가를 다시 계산하게 된다.

예를 들어 홍길동은 갑사에서 10개월 동안 근무하다가 을사로 전보되었다.

근로계약이 승계되었고, 을사 전보 후 3개월 더 근무했다면, 홍길동의 총 근속기간은 13개월로써 연차휴가일수는 11일 + 15일로 총 26일이 발생하는 반면 근로계약이 승계되지 않은 경우 갑사 1개월 발생 분 10일(1년 미만 분)과 을사 3개월 발생분(1년 미만 분) 3일해서 총 13일의 연차휴가가 발생한다.

Q. 당해연도 1월 2일 입사, 12월 31일에 퇴사할 경우 연차휴가

월 단위 연차휴가는 1월 + 1일을 근무해야 1일의 월 단위 연차휴가가 주어지고, 연 단위 연차휴가는 1년 + 1일을 근무해야 연 단위 연차휴가가 주어진다. 그런데 1월 2일 입사, 12월 31일 퇴사의 경우 1

년 + 1일을 채우지 못했으므로 연 단위 연차휴가는 발생하지 않고, 월 단위 연차휴가만 발생한다.

Q. 단시간근로자의 연차휴가 부여

79페이지를 참고하면 된다.

Q. 1년 초과 2년 미만 근로자의 연차 유급휴가 일수 계산

월 단위 연차휴가는 1월 + 1일, 2월 + 1일, 3월 + 1일.... 즉 입사일과 같은 날짜까지 근무하고 퇴사를 해야 발생한다. 또한 연 단위 연차휴가도 1년 + 1일, 2년 + 1일, 3년 + 1일...과 같이 입사일이 속하는 다음 연도 같은 날까지 근무해야 발생한다.

또한 입사일로부터 1년까지 발생하는 총 11일의 월 단위 연차휴가의 단위(기준) 기간은 월로써 1개월을 다 채우지 못하면 월중에 퇴직해도 비례해 계산한 월차휴가를 주지 않는다. 즉 1개월 + 1일~2개월까지는 1일, 2개월 + 1일~3월까지는 다시 1일로 1개월 + 1일~2개월까지의 월차휴가 부여 일은 동일하다. 1개월 10일을 근무했다고 1.××일이 아닌 1일이다.

같은 개념으로 연 단위 연차휴가도 단위기간은 1년이며, 1년 + 1일~2년까지는 15일로 동일하다. 즉 1년 11개월 근무했다고 월할 계산해서 15.××일이 아니라 15일이다.

Q. 2년 계약기간 종료 후 퇴사 시 발생하는 총연차일수

1년 계약직은 딱 1년 365일만 근무하고 퇴사하는 경우 11일의 연차 휴가만 발생한다. 반면 1일을 더 근무하면 1년 + 1일이 되어 11일 + 15일의 연차휴가가 발생한다.

그리고 1년 + 1일~딱 2년을 근무하고 퇴사하는 경우는 11일 + 15 일의 연차휴가가 발생하는 반면 1일을 더 근무하면 2년 + 1일이 되어 11일 + 15일 + 15일의 연차휴가가 발생한다.

하지만 계약직의 경우 2년을 넘지 못하게 되어 있으므로 11일 + 15 일의 연차휴가가 발생할 확률이 높다.

Q. 병가 사용 시 연차 유급휴가 선사용(연차휴가 가불)의 적법성

연차 유급휴가는 근로자가 본인의 필요에 따라 자유롭게 사용할 수 있어야 한다. 사용자는 특정 목적으로 연차를 사용하도록 강요할 수 없다.

연차 유급휴가를 선사용하는 것은 법적으로 금지되어 있지는 않지만, 사용자와 근로자 간의 서면합의가 필요하다. 일반적으로 연차는 발생한 이후에 사용할 수 있으나, 회사의 내부 규정이나 관행에 따라 선사용이 허용될 수 있다.

병가를 사용하는 대신 연차를 선사용하도록 강요하는 것은 법적으로 문제가 될 수 있다. 연차는 근로자의 권리이므로, 병가 대신 연차를 사용하게 하려면 근로자의 동의가 필수다. 근로자가 이를 원하지 않는다면, 사용자는 이를 강제할 수 없다.

Q. 연차휴가 사용 시기를 특정하지 않은 경우 무단결근

근로자가 연차휴가를 사용하려면 사전에 사용 시기를 회사에 신청하고, 회사는 이를 승인해야 한다. 이는 근로기준법에서 정한 연차휴가의 기본적인 사용 절차다.

연차휴가는 근로자가 원하는 시기에 사용할 수 있는 권리가 있지만, 사용자는 사업 운영에 중대한 지장이 있는 경우 그 시기를 변경할 수 있다(121페이지 참고). 하지만 사용자가 임의로 연차 사용을 거부할 수는 없다. 사전 승인 없이 연차휴가를 사용한 경우, 회사는 이를 무단결근으로 처리할 수 있다. 다만, 근로자가 사전에 연차휴가를 신청할 수 없는 긴급한 상황(예 : 갑작스러운 질병이나 사고 등)이라면, 이후에 이를 소명하고 정당한 사유를 설명할 수 있다. 이 경우 회사는 무단결근으로 처리하지 않을 수도 있다.

Q. 해외연수 시 연차 차감

일반적으로 해외연수 기간은 근무 기간으로 간주하여 연차를 차감하지 않는 것이 일반적이다. 하지만 예외적인 경우도 있으므로, 아래 내용을 참고하기를 바란다(26페이지 참고).

해외연수 기간 동안 연차를 차감하지 않는 경우	해외연수 기간 동안 연차를 차감할 수 있는 경우
• 회사의 업무와 직접적인 관련이 있는 연수	• 연수 기간 동안 임금을 지급받지 않는 경우

해외연수 기간 동안 연차를 차감하지 않는 경우	해외연수 기간 동안 연차를 차감할 수 있는 경우
• 회사가 파견하여 연수를 보낸 경우 • 연수 기간 동안 임금을 지급받는 경우 • 회사 내규나 근로계약서에 연차 차감에 대한 명시적인 내용이 없는 경우	• 개인적인 성장을 위한 연수 • 회사의 내규나 근로계약서에 연차 차감 에 대한 명시적인 내용이 있는 경우

Q. 퇴사예정일까지 잔여 연차를 사용하고 퇴사하는 경우

145페이지를 참고한다.

퇴사 예정일을 확정한 후, 회사에 잔여 연차 사용 의사를 미리 알려야 한다. 구체적인 사용기간을 명시하여 회사의 업무에 차질이 없도록 하는 것이 좋다.

회사는 특별한 사유가 없는 한 근로자의 연차 사용을 승인해야 한다. 다만, 회사의 업무에 지장이 있다는 등의 정당한 사유가 있는 경우에는 연차 사용 시기를 조정할 수 있다(121페이지 참고).

만약 회사의 사정으로 연차를 모두 사용하지 못하고 퇴사하는 경우 회사는 미사용 연차에 대한 수당을 지급해야 한다.

Q. 연차휴가 사용 시 주휴수당을 지급해야 하나?

146페이지를 참고한다.

근로기준법 제55조에 따라, 사용자는 근로자가 1주일 동안 소정의 근로일을 개근한 경우, 1일분의 유급휴일을 주어야 하며, 이때 지급되는 임금을 주휴수당이라고 한다. 따라서 1주일 중 연차휴가를 사용한 날을 제외하고 모두 출근한 경우는 주휴수당을 지급해야 한다. 반면 1주일 전체 소정근로일(주5일 사업장에서 월~금)에 연차휴가를 사용한 경우는 소정근로일 자체가 없어 소정근로일 개근 여부를 판단할 수 없으므로 주휴수당을 지급하지 않아도 된다.

Q 취업규칙에 회계연도로 연차 부여하고 퇴사 시 입사일 기준 명시할 경우 적법성 여부

40페이지를 참고한다.

근로기준법에서 허용하는 방식은 입사일 기준이다. 따라서 회계연도 기준을 적용해 연차휴가를 계산하는 회사도 퇴사 시 연차휴가일수를 정산할 때는 무조건 입사일 기준으로 정산을 해야 한다. 따라서 취업규칙에 퇴사 시 입사일 기준을 명시하는 것은 위법이 아니다.

다만 회계연도 기준과 입사일 기준으로 각각 정산한 결과 회계연도 기준이 입사일 기준보다 연차휴가 일수가 많을 수 있는데, 이 경우 취업규칙에 퇴사 시 입사일 기준 정산 규정이 없다면 둘 중 근로자에게 유리한 연차휴가일수를 적용해서 정산한다.

Q. 소수점 이하의 연차휴가 처리 방법

41페이지를 참고한다.

Q. 연차 유급휴가 이월 사용 가능 여부

117페이지를 참고한다.

Q. 시간 단위의 연차 유급휴가 사용 가능 여부

103페이지를 참고한다.

Q. 계속 근로가 1년 휴직하고 복직 시 유급휴가

28, 87페이지를 참고한다.

Q. 육아휴직 후 퇴사 시 연차수당 지급 여부

육아휴직 기간은 근무한 것으로 간주하도록 법으로 명시되어 있다. 따라서 육아휴직 기간 동안에도 연차가 발생하며, 이를 사용하지 않고 퇴사할 경우 미사용 연차에 대한 수당을 지급해야 한다.

Q. 퇴사자의 퇴직금 산정 시 미사용 연차수당 반영방법

191페이지를 참고한다.

DC형 퇴직금은 근로자가 실제로 받은 모든 임금 소득은 퇴직금 계산에 포함되어야 한다. 따라서 퇴직으로 인해 발생한 연차수당은 근로자가 실제로 받은 임금에 해당하므로, DC형 퇴직연금 계산 시 반드시 포함해야 한다.

반면, 확정급여형 퇴직연금제도(DB형)를 운영하는 경우는 퇴직으로 인해 발생한 연차유급휴가 미사용수당은 퇴직연금 납입금에서 제외된다.

1. 확정급여형 퇴직연금제도(DB형) : 포함 안 됨(×)

퇴직전년도 출근율에 의하여 퇴직연도에 발생한 연차유급휴가를 미사용하고 퇴직함으로써 비로소 지급 사유가 발생한 연차유급휴가 미사용수당은 평균임금의 정의상 산정 사유 발생일 이전에 그 근로자에 대하여 지급된 임금이 아니므로 퇴직금 산정을 위한 평균임금 산정 기준임금에 포함되지 않는다(연차유급휴가 청구권·수당·미사용수당과 관련된 지침(임금근로시간정책팀-3295, 2007.11.5.)). 따라서 확정급여형 퇴직연금제도(DB형)를 운영하고 있는 경우 종전 퇴직금 계산방식과 동일하게 계속근로기간 1년에 대하여 30일분의 평균임금에 상당하는 금액으로 계산하므로 퇴직일 이후 지급되는 연차미사용수당 금액은 퇴직연금(DB형) 불입액에 포함되지 않는다.

2. 확정기여형 퇴직연금제도(DC형) : 포함됨(○)

근로자퇴직급여보장법 제13조의 연간 임금총액이란 당해 사업연도 중에 근로자에게 지급된 임금의 총액이라는 점에서 근로자의 퇴직으로 인해 비로소 지급 사유가 발생한 연차 유급휴가 미사용 수당도 근로의 대가로 발생한 임금에 해당함으로 DC형 퇴직연금 부담금 산정 시 산입(부담)해야 할 것으로 사료 된다(행정해석 : 퇴직연금복지과-87, 2008-04-01). 따라서 확정기여형 퇴직연금제도(DC형)를 운영하고 있는 경우 퇴직일 이후 지급되는 연차 미사용수당 금액은 퇴직연금(DC형) 불입액에 포함하여 불입해야 한다.

Q. 미사용 연차수당 기준은 평균임금? 통상임금?

미사용 연차수당을 산정하는 경우 일반적으로 통상임금을 기준으로 계산하지만 무조건 통상임금 기준으로 계산하지 않아도 된다. 즉 취업규칙에서 평균임금을 기준으로 규정하고 있다면 평균임금을 기준으로 미사용 연차수당을 산정할 수 있다. 다만 법원에서는 미사용 연차수당에 대한 산정기준이 취업규칙에서 정한 바가 없다면 '통상임금'을 기준으로 해야 한다고 하고 있다(대법원 2019.10.18). 따라서 사내 별도의 규정이 없다면 일반적으로는 통상임금을 기준으로 미사용 연차수당을 계산해야 한다.

이때 근로자의 연봉계약을 새로 체결하거나 통상임금에 포함되는 수당에 변동이 있는 경우 통상임금에도 변동이 생길 수 있다. 통상임금에 변화가 있는 경우, 어느 시점의 통상임금을 기준으로 미사용 연차수당을 산정해야 할까?

행정해석은 미사용 연차수당 산정 시에는 '휴가 청구권이 있는 마지막 달의 통상임금'으로 지급해야 한다고 판단하고 있다(근로개선정책과-4218, 2013-7-19). 즉 급여 담당자는 근로자의 연차 사용기한의 마지막 달의 통상임금을 기준으로 미사용 연차수당을 산정하면 된다. 기본적으로 연차 사용기한은 연차발생일로부터 1년 간 사용 가능하다.

예를 들면 2025년 1월 1일에 발생한 연차휴가는 발생일부터 1년간 사용할 수 있으므로 근로자는 2025년 1월 1일~2025년 12월 31일까지 휴가를 사용할 수 있다. 이때 근로자가 해당 기간 동안 연차휴가를 사용하지 않았고, 미사용 연차수당을 지급해야 하는 경우 급여 담당자는 2025년 12월 통상임금을 기준으로 미사용 연차수당을 산정하면 된다.

혹시 3년 치를 한꺼번에 지급하는 경우는 무조건 2025년 12월 통상임금을 기준으로 계산하는 것이 아니라 각 연도 기준으로 계산한다. 즉 2023년 12월 통상임금, 2024년 12월 통상임금, 2025년 12월 통상임금을 기준으로 각각 계산한다.

위 예시는 회계연도 기준이므로 입사일 기준은 2025년 8월 1일에 발생한 연차휴가는 발생일부터 1년간 사용할 수 있으므로 근로자는 2025년 8월 1일~2026년 7월 31일까지 휴가를 사용할 수 있다. 이때 근로자가 해당 기간 동안 연차휴가를 사용하지 않았고, 미사용 연차수당을 지급해야 하는 경우 급여 담당자는 2026년 7월 통상임금을 기준으로 미사용 연차수당을 산정하면 된다.

Q. 주중에 연차휴가를 사용한 경우 연장근로시간 산정

연장근로시간을 산정할 때는 기본적으로 근로자가 실제로 근무한 시간을 기준으로 하며, 일 8시간 또는 주 40시간을 초과한 근로가 연장근로에 해당한다. 연차휴가를 사용한 날은 근로하지 않은 날로 간주하므로, 해당 일자는 연장근로시간 산정에서 제외된다.

즉 연차휴가일에는 연장근로시간이 0시간으로 1일 8시간을 초과할 일이 없다. 따라서 연차를 사용한 날을 제외한 나머지 근무일에서 주 40시간을 초과해야 연장근로수당이 발생한다.

Q. 연차수당 포기각서의 효력

근로자가 연차수당을 포기한다고 해도 법적 효력이 인정되지 않는다. 즉, 근로자는 연차수당을 법적으로 포기할 수 없으며, 사장의 요구로 포기각서를 썼다고 해도 이는 효력이 없다.

Q. 연차 촉진 사용 대상자에 해당하지 않는 경우

다음의 경우는 연차휴가 사용촉진 대상에 해당하지 않는다.

⊚ 연차휴가가 발생하였으나 업무상 재해, 출산전후휴가, 육아휴직 등으로 사용하지 못한 연차휴가

⊚ 근로계약 기간이 1년 미만인 근로자가 1개월 개근 시 1일씩 발생하는 연차휴가(1년 계약직 근로자의 월 단위 연차휴가)

⊚ 취업규칙·단체협약 등에 따라 법정 연차휴가 일수를 초과하여 부여되는 연차휴가

Q. 기한 내에 연차촉진 통보를 못 한 경우

기한 내에 연차촉진 통보를 받지 못한 근로자는 자신의 연차유급휴가를 보호받을 권리가 있으며, 이를 사용하지 않을 경우 해당 연차에 대한 수당을 청구할 수 있다.

Q. 감시·단속적 근로자의 미사용 연차촉진 대상

감시 · 단속적 근로자는 근로기준법 제63조에 따라 연장, 야간, 휴일 근로에 대한 규정이 일부 면제될 수 있는 근로자이다. 하지만 연차 유급휴가에 대해서는 일반적인 근로자와 동일한 권리를 갖는다. 즉, 이들은 연차 유급휴가를 사용할 권리가 있으며, 사용하지 않은 연차에 대해 연차수당을 받을 수 있다.

감시 · 단속적 근로자가 연차촉진을 통해 연차를 사용하지 않았을 경우, 연차수당이 지급되지 않을 수 있다. 그러나 법정 기한 내에 연차 촉진 통보를 하지 않으면, 연차유급휴가가 소멸되지 않으며, 사용자는 미사용 연차에 대해 연차수당을 지급해야 한다.

Q. 연차휴가 사용 촉진 중 퇴사한 경우 연차수당 발생

회사가 연차휴가 사용을 적극적으로 촉진했음에도 불구하고 근로자가 퇴사한 경우는 미사용 연차에 대한 수당을 지급해야 한다.

즉 퇴사 시 미사용 연차수당은 연차휴가 사용 촉진과 상관없이 지급해야 한다.

근로자가 사용자의 연차휴가 사용 촉진에 따라 사용계획서를 제출하였음에도 연차휴가를 사용하지 않은 경우 사용자는 근로자에 대해 잔여 연차휴가 사용일을 정해 서면으로 2차 촉진을 해야 해당 근로자가 연차휴가를 미사용할 경우 적법하게 연차휴가 미사용에 따른 수당 지급을 면할 수 있다.

사용자는 근로자의 휴가 신청에 관해 확인 후 해당일에 출근한 근로자에 대해 노무수령 거부 의사를 밝혀야 해당 휴가 사용이 이뤄진 것으로 취급될 수 있다.

Q. 합의로 이월된 연차휴가가 연차휴가사용촉진 대상이 되는지 여부

연차휴가는 사용기간이 지나면 소멸되고, 휴가수당청구권만 남는 게 원칙인데, 당사자와 동의로 수당 지급 대신 이월하여 휴가 사용에 대한 합의가 이뤄진 상태에서 다시 연차휴가 수당을 지급하지 않기 위해 사용 촉진을 하는 것은 제도 취지에 맞지 않는다.

사용 촉진 규정상 사용 촉진 대상이 되는 연차휴가는 전년도 출근율에 의해 발생한 연차휴가 및 근속기간 가산 휴가이므로, 합의로 이월된 연차휴가는 사용 촉진 대상이 되지 않는다.

Q. 합의로 이월된 연차휴가가 미사용 시 연차수당 지급 의무

연차휴가는 1년간 사용하게 하고 해당 기간 중 사용하지 못할 경우 원칙적으로 연차휴가 미사용 수당으로 지급해야 한다.

그러나 연차 이월제도에 따라 올해 사용하지 못한 연차휴가에 대하여 내년에도 사용할 수 있도록 당사자의 합의를 통해 이월한 경우는 수당 대신에 연차휴가를 사용하게 하는 것이 가능하다.

그러나 이월한 휴가를 연차휴가 촉진 제도를 행하지 않고, 사용자의 귀책 사유로서 일반적인 연차휴가와 마찬가지로 1년 이내에 사용하지 못한 경우는 이월된 연차에도 미사용 연차수당을 지급해야 한다.

또한 당사자 간 합의를 통해 이월한 연차휴가를 미사용하고 퇴사 한 경우도 연차수당을 지급해야 한다.

Q. 관행적으로 미리 선부여 한 연차휴가를 대상으로 휴가 사용 촉진 조치

근로기준법상 연차유급휴가 발생요건과는 관계없이 관행적으로 연차유급휴가를 미리 선 부여하는 형태로 운영해오고 있는 경우에는 연차유급휴가 부여의 요건을 충족한 연차유급휴가로 볼 수 없으므로 연차휴가 사용 촉진 대상으로 볼 수 없다(임금근로시간정책팀-511, 2005. 11. 22.).

이에 선 부여한 연차에 대해 사용 촉진을 실시하더라도 사용 촉진의 효력이 없으므로, 근로자에게는 여전히 사용 촉진한 선 부여 연차에 대한 미사용수당 청구권이 존재한다.

Q. 연차촉진 시 업무상 불가피하게 연차를 사용하지 못한 경우

연차사용촉진 제도는 회사가 적법한 절차에 따라 근로자에게 연차휴가 사용을 촉진할 경우, 근로자가 사용하지 않은 연차에 대해 미사용 연차수당 지급 의무가 면제되는 제도다.

근로자가 본인의 의사가 아닌, 업무상의 이유로 인해 연차를 사용할 수 없었던 경우는 법적 예외로 인정될 수 있다.

예를 들어, 긴급한 프로젝트나 인력 부족 등으로 인해 근로자가 연차 사용을 미루거나 포기한 경우는 회사가 이를 명확하게 고려해야 하며, 해당 연차를 자동 소멸시키는 것은 부적절할 수 있다.

연차휴가 미사용 시 별도 수당을 지급하지 않는다는 회사 규정이 있다며 연차휴가 미사용 수당을 미지급하는 사례가 종종 있다. 이러한 규정은 입사 당시 노동자에게 아직 발생하지 않은 연차휴가 미사용 수당을 미리 포기하게 하는 규정으로 효력이 인정되지 않는다.

Q. 2년 미만의 계약직 근로자의 연차휴가 사용 촉진 대상 여부

1년 미만의 근로계약을 체결하였더라도 근로계약 갱신 또는 계약기간 연장 등으로 근로관계의 단절 없이 1년 이상의 근로가 예정되어 있는 경우라면 연차휴가 사용촉진 조치를 할 수 있다. 즉, 근로기준법 제61조 제2항에서 정한 '1년 미만 기간에 대한 연(월)차휴가(최대 11일) 사용촉진은 ① 근로계약 기간을 정함이 없는 통상의 근로자와 ② 1년 미만의 근로계약을 정했더라도 계약갱신 또는 계약연장 등으로 계속근로 기간이 1년 이상이 될 것이 예상되는 근로자에게 적용된다.

Q. 적법한 노무 수령 거부 의사 방법

사용 촉진 조치에 따라 근로자가 휴가를 사용하기로 사용계획서에 기재한 날 또는 회사가 휴가 사용일로 지정한 날에 해당 근로자가 출근하였을 경우 회사는 해당 근로자에게 명시적인 근로 수령 거부 표시를 해야 한다.

거부 의사를 명확히 표시하지 않는다면 해당일에 휴가를 사용한 것이 아니라 휴가 사용 시기의 변경에 해당하게 되어 해당 지정일은 연차휴가 사용일이 아니게 되므로, 휴가권 및 수당 청구권이 소멸하지 않을 수 있다.

노동부 행정해석에서는 연차휴가일에 해당 근로자의 책상 위에 노무 수령거부 의사 통지서를 올려놓거나, 컴퓨터를 켜면 노무 수령거부 의사 통지화면이 나타나도록 하여 근로자가 사용자의 노무 수령거부 의사를 인지할 수 있는 정도라면 달리 볼 사정이 없는 한 노무 수령 거부 의사를 표시한 것으로 볼 수 있다.

그러나 혹시 모를 분쟁 발생을 대비하기 위해 이러한 명시적인 근로 수령 표시를 했음을 증명할 수 있는 확인서를 근로자로부터 받아두는 것이 바람직하다.

Q. 파견근로자의 연차휴가 사용 촉진 절차 및 사용자 주체

파견근로자의 연차휴가 사용 촉진은 파견사업주가 해야 한다. 다만, 고용노동부 행정해석에 따르더라도 실제로 파견근로자가 연차휴가를 사용할 때 사용사업주의 협조가 필요하므로 파견근로자의 연차 유급휴가 사용과 관련해서 파견사업주는 사용 사업주에게 적극적으로 협조를 요청하고, 사용사업주는 사업 운영에 막대한 지장이 있는 등의 특별한 사정이 없으면 협조에 응해야 한다.

Q. 특정 기간에 연차휴가를 의무적 사용하도록 하는 경우 적법성

1. 병가시 연차휴가 사용

이미 발생한 연차휴가의 병가 기간 동안의 소진은 적법하나, 향후에 발생할 연차에 대해서까지 공제하는 것은 허용되지 않는다(근로개선정책과-4027, 2014. 07. 18.)

2. 지각·조퇴·외출 등의 사유로 연차 소진

단체협약 또는 취업규칙 등에서 "질병이나 부상 외의 사유로 인한 지각·조퇴 및 외출은 누계 8시간을 연가 1일로 계산한다"라는 규정을 두는 것은 당해 사업장 근로자의 인사·복무 관리 차원에서의 노사 간 특약으로 볼 수 있으며, 해당자가 부여받을 수 있는 연가일수에서 공제하는 것이므로 근로기준법에 위반된다고 볼 수 없다(근기 68207-157, 2000. 01. 22.).

3. 재택근무 시 연차소진

회사의 규정으로 재택 대기발령 기간에 의무적으로 연차유급휴가를 소진토록 하거나 소진한 것으로 간주하더라도 이는 효력이 없다(근로기준과-1347, 2004. 03. 18.).

Q. 연차휴가 사용계획서 수정 가능 여부

근로자가 1차 촉구 이후 연차휴가 사용계획서를 제출한 경우, 법적으로는 계획서 제출 후 수정 가능 여부에 대한 명확한 규정은 없다.

그러나 실무에서는 회사와 근로자 간의 협의를 통해 사용계획서의 수정이 가능하다. 만약 근로자가 계획된 날짜에 연차를 사용할 수 없는 상황이 발생했다면, 회사와의 협의를 통해 다른 날짜로 변경할 수 있다.

이 수정은 양측의 합의로 이루어져야 하며, 회사의 연차 사용 관련 규정이나 내부 방침에 따라 다르게 처리될 수 있다.

Q. 퇴직금 수령을 위해 퇴사 후 재입사한 경우 연차휴가 산정을 위한 계속 근로 연수기산점

근로자가 자신의 사정으로 인해 자유의사로 퇴직하고 또한 자의로 입사하였는지를 기준으로 판단하는 것이 원칙이다. 따라서 만일 근로자가 자유로운 의사에 따라 중간퇴직하고 퇴직금을 수령한 뒤 재입사한 경우 근로 계약관계는 일단 종료되고 새로 시작하였다고 봐야 하겠지만(대법원 1996. 4. 26. 선고 95다2562 판결), 그렇지 않고 만일 근로자가 회사의 경영방침에 따라 사직서를 제출하고 퇴직한 후 즉시 재입사하는 형식을 취함으로써 근로자가 그 퇴직 전후에 걸쳐 실질적인 근로관계의 단절 없이 계속 근무하였다면 사직원 제출과 퇴직 처리에 따른 효과는 생기지 않는다고 보아야 할 것이다(대법원 1989. 8. 8. 선고 88다카15413 판결).

즉, 근로자의 중간퇴직이 그 진의(眞意)에 의한 하자 없는 퇴직의 의사표시에 따른 것이었다면 퇴직의 효과는 발생한 것으로 볼 수 있으며, 이때 근로자의 진의란 퇴직금 수령을 위해 퇴직의 효과를 발생시키고자 하는 의사로 보아야 하고 재입사를 하지 않겠다는 의사까지 있어야 하는 것은 아니다.

그리고 이 경우 당사자 간에 달리 정한 바가 없다면 연차유급휴가 산정을 위한 계속근로연수는 재입사 일부터 기산된다고 할 것이다(고용노동부 행정해석 2002. 4. 16. 근기 68207-1565).

근로자가 자신의 사정에 따라 스스로 사직 의사를 표시했고 그에 따라 퇴직 처리가 되었으며 재입사 또한 회사의 정책에 따른 것이라기보다 근로자의 진의에 따라 이루어졌을 때는 근로자의 중간퇴직은 유효하다.

근로자의 퇴직이 유효한 이상 재입사는 법률상 신규입사로 처리되어야 하므로 연차휴가 또한 재입사 시점부터 새로이 기산하는 것이 타당하다. 다만, 노사 간 합의로 연차휴가나 기타 호봉 산정 등에 있어서 종전 근무경력을 인정해주는 것은 무방하다(그리고 연차휴가나 호봉 산정시 종전 근무경력을 인정해준다고 하여 그것만으로 중간퇴직이 형식적인 것으로 간주하여 무효로 되지는 않는다(대법원 1996. 4. 26. 선고 95다2562 판결).

Q. 촉탁직 근로자의 연차 유급휴가 적용 여부

71페이지를 참고한다.

Q. 부당해고기간 연차휴가 계산 방법

부당해고로 인해 근로자가 일정 기간 동안 회사에서 일하지 못했더라도, 법적으로는 해고가 무효로 인정되는 경우, 해고 기간 동안 근로계약은 계속 유지된 것으로 간주한다. 즉, 해고가 없었던 것처럼 연차휴가가 부여된다.

부당해고 기간 동안에도 근로자는 계속해서 근로한 것으로 간주하므로, 해당 기간은 연차휴가 산정에 포함된다. 이때, 연차휴가 일수는 해고되지 않은 상태에서의 근로기간(계속근로 한 것으로 봐)에 해당하는 통상적인 연차휴가 계산방식에 따른다.

부당해고가 판결되고 복직이 이루어진 경우, 해고 기간 동안 근로한 것으로 간주하므로, 해당 기간에 대해 발생한 연차휴가는 복직 후 정상적으로 사용할 수 있는 권리가 발생한다. 회사는 근로자에게 그 기간 동안 발생한 연차휴가를 보장해야 한다.

Q. 해외연수 기간이 있는 경우 연차 유급휴가 계산 방법

근로 제공목적이 아닌 근로자 개인적인 목적에서의 해외연수(본인 개인의 자질 향상 목적, 본인의 신청에 의한 회사의 승인, 경비에 대해 제3자 부담, 근로 미제공 및 임금 미지급)인 경우에는 통상의 근로 제공 의무가 정지된 것으로 보아야 할 것이므로, 출근율 산정에 있어 통상휴직의 경우와 마찬가지로, 해당 기간은 소정근로일수에서 제외한다. 다만 소속한 회사에서의 출근율에 따라 출근율을 계산하여 연차휴가를 부여함이 타당하다.

예를 들어 6개월 연수 시 연차 15일 × 6개월/12개월 = 7.5일을 부여한다.

Q. 재택근무자의 연차 유급휴가 계산 방법

재택근무자의 연차 유급휴가는 일반적인 출근하는 직원과 동일하게 계산된다. 재택근무 여부는 연차 유급휴가 발생이나 계산에 영향을 미치지 않는다.

Q. 노조 전임자의 연차휴가 부여

노조 전임기간은 사용자로부터 시업·종업의 시각, 휴일·휴가 등 근로조건에 있어서 제약받지 않으며 실제로 근로를 제공치 않는 기간이므로 이 기간에 대하여 사용자가 연차유급휴가의 부여 또는 연차휴가 미실시에 따른 수당을 지급할 법적 의무가 없다는 것이 고용노동부 행정해석의 입장이다(1993.2.25., 근기 01254-291).

Q. 합병(포괄승계)에 따른 연차휴가 부여

회사가 합병하여 근로관계가 승계되는 경우, 피합병회사의 근속기간을 합산하여 연차유급휴가 가산일 수를 산정한다. 이는 합병에 의해 근로관계가 승계되면 종전의 근로계약상의 지위가 그대로 포괄적으로 승계되기 때문이다. 즉, 별도의 정함이 없는 한 임금이나 근로시간 등 모든 근로조건은 종전과 동일하고 계속근로연수에 따른 연차유급휴가 가산 일수 산정에서 합병과 관계없이 피합병회사의 근속기간을 합산하여 계산한다(같은 취지: 대법원 1994.3.8., 93다1589).

Q. 일용직 근로자의 연차휴가 발생 여부

연차유급휴가는 상시근로자 수가 5인 이상이고 1주 소정근로시간이 15시간 이상인 근로자에게 적용되는 것으로, 일일 단위로 근로계약을 체결하고 그날의 근로를 마치면 근로관계가 종료되는 일용근로자의 경우 원칙적으로 연차유급휴가 부여 문제는 발생하지 않는다.

다만, 형식적으로 일용근로자라 하더라도 일용관계가 중단되지 않고 계속되어 온 경우에는 상용근로자와 동일하게 연차휴가를 부여한다(대법원 74다1625, 83다카657, 96다24699, 2000다27671, 2004다66995·67004 등 참조).

이때, 상용근로자인지? 여부는 근로계약이 계속 반복되어 왔다는 사실뿐만 아니라 근로계약이 이루어지게 된 동기 및 경위, 근무기간의 장·단 및 갱신 횟수, 동종의 근로계약 체결방식에 관한 관행, 일용근로자가 맡은 업무의 연속성, 근로자 보호 법규 등을 종합적·개별적으로 고려하여 판단해야 할 것이며, 이러한 판단 결과에 따라 일용근로자의 연차유급휴가 발생 여부도 결정된다.

한 권으로 끝장내자 연차휴가 연차수당 근로기준법 실무설명서

지은이 : 손원준

펴낸이 : 김희경

펴낸곳 : 지식만들기

인쇄 : 해외정판 (02)2267~0363

신고번호 : 제251002003000015호

제1판 1쇄 인쇄 2024년 09월 26일

제1판 1쇄 발행 2024년 10월 09일

제2판 1쇄 발행 2025년 01월 17일

값 : 16,000원

ISBN 979-11-90819-41-1 13320

Korea Good Books

K.G.B
지식만들기

이론과 실무가 만나 새로운 지식을 창조하는 곳

서울 성동구 금호동 3가 839 Tel : 02)2234~0760 (대표) Fax : 02)2234~0805